"十四五"职业教育国家规划教材

U0102376

汽车 底盘构造与维修 （第3版）

总主编　周乐山

主　编　李　烽　于占明

产教融合　项目教学型教材

QICHE DIPAN
GOUZAO YU WEIXIU

北京师范大学出版集团
BEIJING NORMAL UNIVERSITY PUBLISHING GROUP
北京师范大学出版社

图书在版编目(CIP)数据

汽车底盘构造与维修/李烽，于占明主编. —3版. —北京：
北京师范大学出版社，2021.4(2024.6重印)
ISBN 978-7-303-25942-7

Ⅰ. ①汽… Ⅱ. ①李… ②于… Ⅲ. ①汽车－底盘－结构
－职业教育－教材②汽车－底盘－车辆修理－职业教育－教材
Ⅳ. ①U463. 103 ②U472. 41

中国版本图书馆 CIP 数据核字(2020)第 106353 号

图书意见反馈：gaozhifk@bnupg.com 010-58805079
营销中心电话：010-58802755 58800035
编 辑 部 电话：010-58806368

出版发行：北京师范大学出版社 www.bnupg.com
　　　　　北京市西城区新街口外大街 12-3 号
　　　　　邮政编码：100088
印　　刷：鸿博睿特(天津)印刷科技有限公司
经　　销：全国新华书店
开　　本：787 mm×1092 mm 1/16
印　　张：15.75
字　　数：310 千字
版　　次：2021 年 4 月第 3 版
印　　次：2024 年 6 月第 13 次印刷
定　　价：47.80 元

策划编辑：庞海龙　　　　　责任编辑：庞海龙
美术编辑：焦 丽　　　　　装帧设计：焦 丽
责任校对：康 悦　　　　　责任印制：马 洁 赵 龙

汽车运用与维修专业
项目化课程编写指导委员会

顾　问　于开成
主　任　周乐山
成　员　方道生　刘娟娟　于占明　朱银武
　　　　李　烽　张海泉　骆　振　任　超
　　　　李小飞　陆琳杰　施洪辰

本书编委会

主　编　李　烽　于占明
参　编　陈小林　施洪辰　贾玲玲　陈　刚
　　　　肖智杨　汪相林

出版说明

本套教材是在汽车维修行业专家、企业专家、课程专家的精心指导下，结合汽车维修企业生产岗位和工作实际开发的。本套教材紧紧围绕汽车售后维修企业的职业工作需求，以就业为导向，以技能训练为中心，以"更加实用、更加科学、更加新颖"为编写原则，旨在探索理论与实践一体化的教学模式，具有如下特色：

1. 教材编写理念。借鉴"行动导向"的教学模式，以学生为主体，以教师为指导，以提高学生职业技能和创新能力为目标，理论紧密联系实践。理论知识以必备、够用为度，技能训练面向岗位需求，注重结合汽车后市场服务岗位群和维修岗位群的岗位知识与技能要求，使学生学完每一本教材后，都能获得该教材所对应的职业岗位能力。

2. 教材结构体系。根据汽车维修职业岗位工作需求，采用项目、任务两个层级，实施项目导向、任务驱动的模式构建课程体系。理论教学和技能训练有机融合，专业学习和"1＋X"考证有机融合，实践教学与岗位培训有机融合，系统性和模块化有机融合，方便不同地区、不同专业、不同条件、不同层次的学生或人员剪裁选用。

3. 教材内容组织。精选对学生有用的基础理论和基本知识，突出实用性、新颖性，以我国保有量较大的轿车为典型，引入现代汽车新技术、新工艺、新规范，结合典型车型维修手册，加强"任务实施"内容的编写。在教学中坚持立德树人，德技并修，将规范操作、5S管理、良好的职业素养理念融入专业课程教学内容之中。引导教师在"做中规范地教"，学生在"学中规范地做"。教学内容突出典型工作任务，任务实施注重以实例为引导，激发学生的学习兴趣，符合学生的认知规律。

4. 教材编排形式。本套教材图文并茂，采用四色印刷。教材编排通俗易懂、简明实用、由浅入深，符合职业院校学生的心理特点。每一项目均配有"项目概述"，让学习者知道本项目要学习的任务和在"知识、技能、行为习惯和职业素养"四个方面应达到的要求。每一个任务都有具体的学习目标，配有技术规范、有安全提示的任务实施步骤，力求做到科学、规范、明晰。教材最后配有课程评价，便于学生对课程教学提出建议和专业教师教学素质提升。

5．教材配套资源。每本教材都配有学生工作手册和数字化教学资源，教学资源主要包括教学视频、电子教案、教学课件等。配套资源可方便广大教师组织教学，也可方便广大读者学习。

由于编写人员能力有限，教材中不足之处在所难免，恳请各位读者批评指正。

汽车运用与维修专业项目化课程编写指导委员会

序

据公安部统计，2021 年全国机动车保有量达 3.95 亿辆，其中汽车 3.02 亿辆。我国已经进入了飞速发展的汽车社会新时代，汽车维修业也成为与广大人民群众日常生活息息相关的现代服务业。随着国家对职业教育的重视和投入的增加，我国的汽修职业教育取得了快速发展，为社会输送了一大批在汽修一线工作的高技术技能型人才，从一定程度上突破了汽车维修人才紧缺的瓶颈。但同时应该看到，汽车电动化、智能化、网联化和共享化的快速推进，打破了人们对传统汽车的理解，对汽车维修人才也提出了更高的要求。教育是国之大计、党之大计。培养什么人、怎样培养人、为谁培养人是教育的根本问题，育人的根本在于立德。全面贯彻党的教育方针，落实立德树人根本任务，培养德智体美劳全面发展的社会主义建设者和接班人，坚持以人民为中心发展教育，加快建设高质量教育体系，发展素质教育，促进教育公平。加强企业主导的产学研深度融合，坚持学思用贯通、知信行统一。这就需要我们工作在职业教育一线的专家、教师在习近平新时代中国特色社会主义思想指导下，创新教育理念，改革教学模式，优化专业教材，为党育人、为国育才，培养出真正符合党和国家要求的高技术技能型汽修人才。

教学模式的创新，得益于先进的课程理念，先进的课程理念需要一套完整的课程方案和配套的课程资源来体现，近几年，在企业、行业专家和课程专家的指导下，北京师范大学出版社开发了一整套汽车运用与维修专业的项目化教材，并不断完善和更新。相比以往的职业教育汽车运用与维修专业教材，这套教材有许多特点和亮点，主要体现在：

1. 面向职教。教材作者均来自汽车维修专业教学一线，有多年从事专业课教学的经验，大多数参编者都亲自参加过职业院校汽车运用与维修技能大赛的教师组比赛项目，并取得了优异的成绩。因此，在教材的编写过程中，他们能紧扣汽车运用与维修专业的培养目标，并借鉴全国职业院校汽车运用与维修技能大赛所提出的能力要求，把维修行业的规范、安全、环保、高效、服务、合作、敬业等理念贯穿于专业技能训练的课目之中，符合当前汽车后市场对人才的综合素质要求。

2．难易适度。本套教材汲取了宝马、丰田、上海通用等知名汽车企业培训教材的精华，着重强调结论性、应用性强的必备基础理论知识，使得教材整体理论知识的学习难度降低，同时又保证学生在分析和解决实际问题时能具有一定的理论基础，这符合职业院校学生的认知特点。

3．实用性强。本套教材体例实用，并配有学生工作手册，力求把知识传授、技能训练、行为习惯培养和职业素养养成融为一体，有利于学生综合素质的提升，使学生能够运用所学的基本知识举一反三、触类旁通，同时也为学生后续学习奠定基础。教材中精选了典型的工作任务，并配有工艺化的任务实施流程，旨在培养学生正确使用工具和设备解决实际问题的能力，达到学生毕业后即可胜任汽车后市场相应工作岗位的技能和素质要求。

4．静动并举。本套教材在理论知识讲解和具体工作任务实施中采用了大量的实物图，教材采用四色印刷，在文字描述方面力求简洁规范、通俗易懂，在关键知识点的理论讲解和具体工作任务实施时配有教学视频、动画演示等数字化资源，激发了学生的学习兴趣，降低了学习难度，方便学生自我完善和自我提高。

这套教材的推广使用，将有助于职业院校汽车运用与维修专业教学质量和能力的提高。希望大家多提宝贵意见和建议，也希望我国的职业教育事业越办越好。

前　言

党的二十大指出："今后一段时间，我国将坚持把发展经济的着力点放在实体经济上，推进新型工业化，加快建设制造强国、质量强国、航天强国、交通强国、网络强国、数字中国。实施产业基础再造工程和重大技术装备攻关工程，支持专精特新企业发展，推动制造业高端化、智能化、绿色化发展。"随着我国汽车工业的高速发展，汽车底盘的结构和控制技术得到了长足的发展。汽车底盘技术中出现了许多新工艺、新技术，这些应用使汽车驾驶更安全、更舒适，但也增加了汽车底盘故障检测与维修的难度。一名合格的汽车维修人员应全面掌握汽车底盘系统的结构、原理和检测维修的基本方法与技能，以便更好地为客户提供优质的服务。

"汽车底盘构造与维修"是中、高等职业学校汽车运用与维修专业的一门必修课程。为了使大家更好、更全面地了解汽车底盘系统的结构和控制技术，掌握汽车底盘系统常见故障的检测和维修技能，我们编写了这本教材。教材简化了对理论知识的讲解，通过图文并茂的形式，简明地介绍了在进行汽车底盘维修作业时维修人员所应具备的专业知识，并力求使其浅显易懂。

党的二十大指出："教育、科技、人才是全面建设社会主义现代化国家的基础性、战略性支撑，必须坚持人才是第一资源，深入实施科教兴国战略、人才强国战略。"故本教材在注重基本方法介绍的同时，更注重对学生实践动手能力的训练和安全文明的生产意识的培养。为此，我们将一定比例的行为习惯和职业素养知识有机地融入任务实施之中，让学生从头树立"安全修车、环保修车、人文修车"的理念，更让学生牢固树立终身学习理念和"卓越工程师、大国工匠、高技能人才"的远大志向，为实现中华民族伟大复兴的中国梦，为以中国式现代化推进中华民族伟大复兴贡献个人力量。

本次改版，我们还将手动变速器、自动变速器知识和原底盘知识进行了融合，增加了汽车底盘基础项目，部分任务增加了拓展知识，并对项目和任务与时俱进地进行了整合和调整，使其更加符合现阶段底盘维修工作岗位的需求。新版教材配套有《学生工作手册》，师生选用起来也更加方便。

本书具体学习内容及教学建议见下表。

项目序号	项目名称	教学任务	参考学时
1	汽车底盘基础	2	4
2	传动系统的构造与检修	5	36
3	转向系统的构造与检修	3	12
4	行驶系统的构造与检修	5	28
5	制动系统的构造与检修	6	28

由于编者水平有限，不足之处在所难免，恳请各位读者提出宝贵意见。

目 录

项目 PROJECT 1 汽车底盘基础

项 目 概 述

　　传统汽车一般由发动机、底盘、电气系统和车身四大部分组成。其中，底盘是汽车的重要基础，是汽车安全、可靠、舒适行驶的重要保障。同时，汽车底盘部分的维护作业在整车维护作业中占很大比例。

　　本项目包含两个基本学习任务：任务1汽车底盘的认识；任务2汽车底盘维护设备的认识。

　　通过本项目的学习，学生要在知识、技能、行为习惯、职业素养等方面达到以下相应要求。

序号	学习内容(知识、技能、行为习惯、职业素养等)	评价标准			
		了解知道	理解掌握	指导下操作	独立操作
1	汽车底盘的主要作用、组成	√			
2	在实车上找到汽车传动系统、转向系统、行驶系统、制动系统的主要部件				√
3	说出各系统的基本功能		√		
4	底盘维修的意义和基本方法	√			
5	底盘二级维护主要作业项目	√			
6	认识底盘维护的主要设备，能说出其用途			√	
7	安全规范的工作，树立服务人民、生命至上的理念			√	
8	合作学习，践行绿色生产、求真务实、敬业奉献的工匠精神			√	
9	爱护车辆、设备				√
10	5S现场管理				√

任务 **1** 汽车底盘的认识

任 务 目 标

1. 熟悉汽车底盘的主要作用和组成。

2. 了解传动系统、转向系统、行驶系统、制动系统的基本功能。

3. 在实车上找到汽车底盘的主要总成,并说出各总成的基本功能。

4. 能安全规范的工作,树立求真务实、生命至上的理念。

→ **必备知识**

一、 汽车底盘的基本组成

如图 1-1-1 所示,传统汽车一般由发动机、底盘、电气系统和车身四大部分组成。其中,底盘是汽车的重要基础,是汽车安全、可靠、舒适行驶的重要保障。

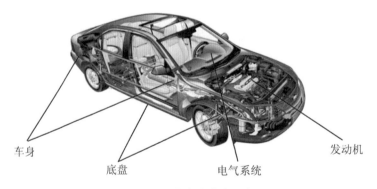

车身

底盘

电气系统

发动机

图 1-1-1 汽车的基本组成

汽车底盘的作用是支承、安装汽车发动机及其各部件、总成,形成汽车的整体造型,并接受发动机的动力,使汽车进行运动,保证正常行驶。底盘由传动系统、转向系统、行驶系统和制动系统四部分组成,如图 1-1-2 所示。

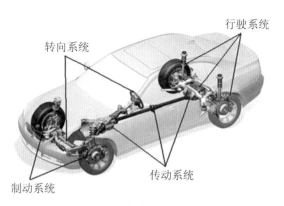

图 1-1-2　汽车底盘的基本组成

二、 汽车底盘各部分的基本功能

1. 传动系统

传动系统指位于发动机和汽车驱动轮之间的传递动力的装置。传动系统的基本功能是接受发动机的动力并传给驱动轮。除此之外，它还具有减速、变速、倒车、中断动力、轮间差速和轴间差速等功能，与发动机配合工作，能保证汽车在各种条件下的正常行驶，并具有良好的动力性和经济性。图 1-1-3 是典型的发动机前置后轮驱动的汽车传动系统示意图。

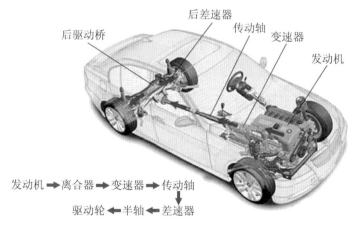

图 1-1-3　汽车传动系统

对于前置后驱的汽车来说，发动机发出的转矩依次经过离合器、变速器、万向节、传动轴、主减速器、差速器、半轴传给后车轮。

传动系统的组成和布置形式是随发动机的类型、安装位置，以及汽车用途的不同而变化的。例如，越野车多采用四轮驱动，因此，它的传动系统中就增加了分动器等总成。而对于前置前驱的车辆，它的传动系统中就没有传动轴等装置。

2. 转向系统

用来改变或保持汽车行驶方向的结构称为汽车转向系统。汽车转向系统的功能就是按照驾驶员的意愿控制汽车的行驶方向。汽车转向系统对汽车的行驶安全至关重要，因此，汽车转向系统的零件都称为保安件，如图 1-1-4 所示。

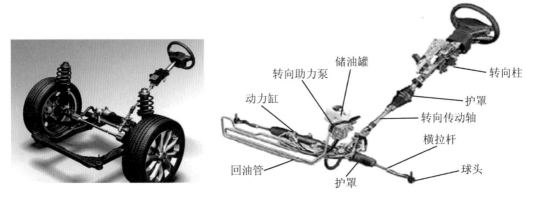

图 1-1-4　汽车转向系统

3. 行驶系统

行驶系统接受发动机经传动系统传来的转矩，并通过驱动轮与路面间的附着作用，产生汽车牵引力，保证汽车正常行驶；尽可能缓和不平路面对车身造成的冲击和振动，保证汽车行驶的平顺性；与汽车转向系统配合，保证汽车的操纵稳定性。

行驶系统主要由车架、车桥、悬架和车轮组成，如图 1-1-5 所示。

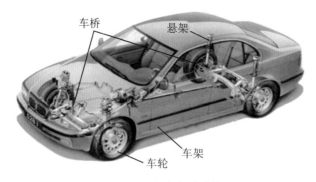

图 1-1-5　汽车行驶系统

4. 制动系统

使汽车的行驶速度可以强制降低的一系列专门装置称为汽车制动系统。制动系统的主要作用是使行驶中的汽车减速甚至停车，使下坡行驶的汽车速度保持稳定，使已停驶的汽车保持不动。制动系统主要由供能装置、控制装置、传动装置和制动器四部分组成，如图 1-1-6 所示。

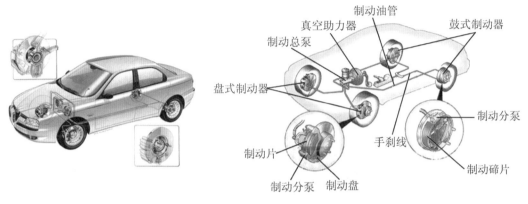

图 1-1-6　汽车制动系统

→ **任务实施**

1. 任务名称

汽车底盘的认识。

2. 任务准备

（1）工作场景：理实一体化教室。

（2）主要设备：教学用车、举升机、手电筒。

（3）辅助设备：三件套、抹布、手套、白板、卡片纸、双面胶等。

3. 实施步骤

任务的实施步骤见表 1-1-1。

表 1-1-1　实施步骤

作业内容	图解	技术规范
1. 车辆的基本防护		**技术要求** 1. 车辆位于举升机位的正常举升初始位置。 2. 安装车轮挡块。 3. 拉紧驻车制动器。 4. 安装三件套。
2. 查找并记录车辆基本信息	 ☆LSGPC52U4DF174132☆	**技术要求** 1. 查找并记录 VIN 码。 2. 检查车辆外观并记录损毁情况。
3. 判断传动系统的类型		**技术要求** 1. 判断传动系统的类型(前驱/后驱/四驱)。 2. 判断变速箱的类型(MT/AT)。
4. 举升车辆准备		**技术要求** 1. 转向盘解锁。 2. 将挡位置于 N 挡。 3. 释放驻车制动器。 **安全警告** 旋转转向盘时,轻轻用力,切忌用力过猛。

续表

作业内容	图解	技术规范
5. 举升车辆至最高位		**技术要求** 1. 安装好举升垫块。 2. 举升前要大声提醒，举升过程中要注意观察，确保安全。 3. 到位后安全锁止，关闭电源开关。 **安全警告** 发现举升机异常时，立即停止。
6. 识别传动系统总成		**技术要求** 1. 确认有无离合器。 2. 找到变速器或变速驱动桥。 3. 找到传动轴或驱动轴。 **安全警告** 注意安全，谨防头部受伤及眼睛进入脏物。
7. 观察差速器工作情况		**技术要求** 1. 转动一侧车轮，观察另一侧车轮转动情况并记录。 2. 控制一侧车轮，转动另一侧车轮，记录情况。 **安全警告** 戴手套操作，并注意不要剧烈晃动车轮；谨防头部受伤及眼睛进入脏物。
8. 绘制本车传动路线		**技术要求** 1. 根据实车实际情况，绘制传动路线。 2. 说出传动系统基本功能。

作业内容	图解	技术规范
9. 识别行驶系统		**技术要求** 1. 找到车架，判断其类型。 2. 找到从动桥、驱动桥。 3. 找到前、后悬架，认识减震器和缓冲元件。 4. 找到前、后车轮，识别钢圈类型（铁质/铝合金）。 **安全警告** 注意安全，谨防头部受伤及眼睛进入脏物。
10. 识别制动系统		**技术要求** 1. 找到前、后轮制动管路。 2. 判断前、后轮制动器类型（盘式/鼓式）。 3. 找到机械式驻车制动器拉线或电子式驻车制动器执行器。 4. 找到前、后轮制动分泵。 **安全警告** 注意安全，谨防头部受伤及眼睛进入脏物。
11. 识别转向系统		**技术要求** 1. 找到转向机。 2. 判断转向助力系统类型（液压/电动）。 3. 找到转向横拉杆和转向节。 4. 通过偏转一侧轮胎，观察转向传动机构的工作情况。 **安全警告** 戴手套操作，并注意不要剧烈晃动车轮；谨防头部受伤及眼睛进入脏物。
12. 降下举升机至最低位		**技术要求** 1. 降下前要大声提醒，下降过程中注意观察，确保安全。 2. 举升机回到初始位置，关闭电源开关。 3. 实施驻车制动。 **安全警告** 发现举升机异常时，立即停止。

续表

作业内容	图解	技术规范
13. 打开发动机舱盖，做好车辆防护		**技术要求** 1. 拉起发动机舱盖释放杆。 2. 正确支撑发动机舱盖。 3. 安装翼子板布、前格栅布。 **安全警告** 拉动释放杆时用力不宜过大。
14. 识别制动、转向系统部件		**技术要求** 1. 找到制动总泵和制动液储液罐，并观察液位。 2. 找到 ABS 液压泵总成。 3. 确认有无液压转向助力泵储液罐，并观察液位。
15. 识别离合器、制动器踏板		**技术要求** 1. 在驾驶室内找到制动踏板。 2. 确认有无离合器踏板。
16.5S工作		**技术要求** 1. 收起翼子板布、前格栅布，放到规定位置，盖上发动机舱盖。 2. 收起三件套，丢弃至指定垃圾箱中。 3. 拔出钥匙，锁好车门，钥匙放回指定位置。 4. 清洁车辆、地面及工具。

作业内容	图解	技术规范
17. 填写工作表单		**技术要求** 1. 在工作表单中确认完成的项目。 2. 正常的打"√"，有问题的打"×"。 3. 有数据的记录相关数据。 4. 有疑问的做好相关记录。

Mission 任务 2　汽车底盘维护设备的认识

任　务　目　标

1. 了解汽车底盘维护的意义和基本方法。
2. 熟悉汽车底盘二级维护的主要作业项目。
3. 了解汽车底盘维护的主要设备及用途。
4. 能安全规范的工作，树立服务人民、生命至上、绿色生产、敬业奉献的理念。

➡ 必备知识

一、汽车底盘维护的意义和基本方法

汽车底盘的维护往往被视作是可有可无的，远没有发动机和车身维护那么受人重视。其实，汽车底盘是否及时得到了正确维护，直接关系到汽车的安全性、操控性、舒适性和经济性，因此不能掉以轻心。汽车底盘维护和发动机维护有很多相似之处，以定期维护为主，视情维修为辅。

1. 定期维护

对车辆按照维修手册或使用手册的要求，进行定期维护，主要包括一级维护和二级维护。维护周期应以行驶里程为基本依据。对于行驶里程间隔，依据车辆维修手册等有关技术文件的规定。对于不适用行驶里程间隔统计、考核的汽车，可用行驶时间间隔确定一级维护、二级维护周期。

一级维护是以清洁、润滑、紧固为作业中心内容，并检查有关制动、操纵等系统的安全部件情况的维护作业。二级维护是指除一级维护作业外，以检查、调整制动系统、转向操纵系统、悬架等安全部位，检查调整发动机工作状况和汽车排放相关系统等为主的维护作业。一、二级维护均由维修企业负责执行。例如，制动器的定期维护如图 1-2-1 所示。

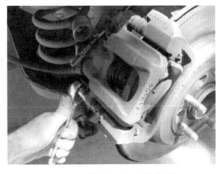

图 1-2-1　制动器的定期维护

2. 视情维修

车辆所执行的维修作业是根据实际情况按需要进行的，即当车辆在使用过程中出现故障征象时，或在定期维护作业中，经检查需要进行有关技术维护或修理作业时，才进行必要的维修。例如，当发现汽车行驶跑偏时，需做车轮定位检查与调整，如图 1-2-2 所示。

图 1-2-2　车轮定位检查与调整

二、　汽车底盘二级维护主要作业项目

以雪佛兰科鲁兹轿车(2013 款 1.6 SLAT 天地版)为例，汽车底盘定期维护的作业项目如表 1-2-1 所示。

表 1-2-1　汽车底盘的定期维护作业项目

保养项目	按月数	6	12	18	24
	里程数/千米×1 000	10	20	30	40
前制动衬片和制动盘		○	○	○	○
后制动衬片和制动盘		○	○	○	○
驻车制动器		○	○	○	○
制动管路和连接(包括助力器)		○	○	○	○
后轮毂轴承和间隙		○	○	○	○
手动变速器油液		○	○	○	○
底盘和车身下部螺栓和螺母固定/紧固		○	○	○	○
自动变速器油液	每 80 000 千米更换				
轮胎情况和充气压力	日常检查				
车轮定位	发现异常时检查				

续表

保养项目	按月数	6	12	18	24
	里程数/千米×1 000	10	20	30	40
转向盘和链杆		○	○	○	○
动力转向液和管路		○	○	○	○
驱动轴助力器		○	○	○	○
安全带、搭扣和扣环		○	○	○	○
润滑车门锁、铰链和发动机罩锁门		○	○	○	○

注：○指检查这些项目及其相关零件，必要时，进行校正、清洗、添加、调整或更换。

三、 汽车底盘维护常用设备

1. 制动液更换机

制动液需要定期更换，可以采用如图 1-2-3 所示的全自动制动液更换机。它能够实现制动管路中的制动液完全更换，而且避免进入空气，能提高工作效率和工作质量。

2. 扒胎机

扒胎机是在汽车维修时辅助拆卸、安装汽车轮胎的汽车维修设备，如图 1-2-4 所示。其作用是让人能更方便、顺利地拆装轮胎。

图 1-2-3 制动液更换机   图 1-2-4 扒胎机

3. 轮胎动平衡机

更换新胎，或进行过轮胎拆装后，轮胎都需要进行动平衡检测。轮胎刚安装在轮辋上后通常都不可能100％的均匀承重，使用平衡机测试轮胎轮辋在运动情况下的平衡性，在不平衡点使用平衡块配重，确保车轮可以平稳行驶，避免抖动。轮胎动平衡机如图1-2-5所示。

图 1-2-5　轮胎动平衡机

图 1-2-6　四轮定位仪

4. 四轮定位仪

汽车四轮定位仪是用于检测汽车车轮定位参数，并与原厂设计参数进行对比，指导技师对车轮定位参数进行相应调整，使其符合原设计要求，以实现理想的汽车行驶性能，即操纵轻便、行驶稳定可靠、减少轮胎偏磨损的精密测量仪器。四轮定位仪如图1-2-6所示。

5. 液压举升运送器

液压举升运送器主要用于在汽车变速箱、发动机、驱动桥等总成高位拆装作业时运送和举升设备。常见的液压举升运送器如图1-2-7所示。

图 1-2-7　液压举升运送器

图 1-2-8　变速箱翻转台架

6. 变速箱翻转台架

变速箱翻转台架主要用于汽车变速箱维修作业中。常见的变速箱翻转台架如图 1-2-8 所示。

7. 压床

压床主要用于齿轮、轴承等零部件拆装作业中。常见的简易压床如图 1-2-9 所示。

8. 减震弹簧压缩机

减震弹簧压缩机主要用于汽车减震器、螺旋弹簧等零部件拆装作业中。常见的减震弹簧压缩机如图 1-2-10 所示。

图 1-2-9　简易压床　　　　　图 1-2-10　减震弹簧压缩机

● 任务实施 ————————————————————

1. 任务名称

汽车底盘维修设备的认识。

2. 任务准备

（1）工作场景：理实一体化教室。

（2）主要设备：教学用车、举升机等维修设备。

（3）辅助设备：抹布、手套、白板、卡片纸、双面胶等。

3. 实施步骤

在教师的指导下，认识实训车间底盘维修的常见设备，了解其名称及其应用的维修作业项目。

传动系统的构造与检修

项 目 概 述

　　汽车传动系统的主要作用是把发动机输出的动力经过变速、变向、变扭后最终传递给驱动轮。传动系统的构造与检修的学习内容主要包括离合器的检修、手动变速器的检修、自动变速器的认知(DSG双离合)、万向传动装置的检修、驱动桥的检修五个典型内容。

　　通过本项目的学习,学生要在知识、技能、行为习惯、职业素养等方面达到以下相应要求。

序号	学习内容(知识、技能、行为习惯、职业素养等)	评价标准			
		了解知道	理解掌握	指导下操作	独立操作
1	离合器的作用、组成、工作原理		√		
2	离合器的分类	√			
3	离合器踏板行程的调整				√
4	手动变速器的作用、分类、工作原理	√			
5	手动变速器的结构		√		
6	手动变速器齿轮传动结构的工作原理			√	
7	手动变速器操纵结构的工作原理			√	
8	手动变速器各结构的拆装				√
9	自动变速器的作用、工作原理	√			
10	自动变速器的组成		√		
11	自动变速器单级行星齿轮组的工作原理		√		
12	自动变速器的油液更换				√
13	万向节的类型和应用特点	√			

序号	学习内容（知识、技能、行为习惯、职业素养等）	评价标准			
		了解知道	理解掌握	指导下操作	独立操作
14	万向节的结构及特点	√			
15	传动轴的更换				√
16	驱动桥的作用、组成及类型	√			
17	主减速器和差速器的作用及类型	√			
18	主减速器的工作原理		√		
19	半轴与桥壳的作用及类型	√			
20	主减速器间隙调整				√
21	5S 的训练				√
22	团队精神的养成		√		

MISSION 任务 1 离合器的检修

任 务 目 标

1. 能描述离合器的作用。

2. 能描述离合器的组成。

3. 会区分不同类型的离合器。

4. 能阐述离合器的工作原理。

5. 会进行离合器踏板行程的调整。

6. 能增强敬业、责任、创新意识，树立精益求精的工匠精神。

→ **必备知识**

一、 离合器的作用及要求

离合器安装在发动机与变速器之间，用来分离或接合前后两者之间的动力联系。

1. 作用

(1)传递扭矩。

(2)保证汽车平稳起步。

(3)中断给传动系统的动力，配合换挡。

(4)防止传动系统过载。

2. 要求

(1)保证能传递发动机发出的最大转矩，并且还有一定的传递转矩余力。

(2)能做到分离时分离，接合时柔和，并具有良好的散热能力。

(3)从动部分的转动惯量尽量小一些，在分离离合器换挡时，与变速器输入轴相连部分的转速就比较容易变化，从而减轻齿轮间的冲击。

(4)具有缓和转动方向冲击，衰减该方向振动的能力，且噪声小。

(5)操纵省力，维修保养方便。

二、离合器的组成

离合器由主动部分、从动部分、压紧装置、分离机构和操纵机构五部分组成，如图 2-1-1 所示。

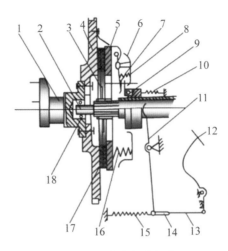

图 2-1-1　离合器的组成

1. 曲轴　2. 从动轴　3、17. 从动盘　4. 飞轮　5. 压盘　6. 离合器盖　7. 分离杠杆　8. 弹簧　9. 分离轴承
10、15. 复位弹簧　11. 分离叉　12. 踏板　13. 拉杆　14. 拉杆调节叉　16. 压紧弹簧　18. 轴承

摩擦式离合器种类很多，其组成和工作原理基本相同。膜片弹簧式离合器目前被广泛应用在各种类型的汽车上，其构造如图 2-1-2 所示。

1. 主动部分

离合器盖是用低碳钢冲压制成的。为了保证离合器与飞轮同心，离合器盖通过定位销定位，固定在飞轮上。为了散热，离合器盖的侧面制有通风口，当离合器旋转时，热空气就由此抽出，以加强通风。

压盘的平面和飞轮的平面一起组成了主动件的摩擦面，该平面要平整并经

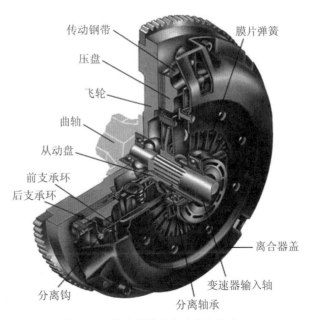

图 2-1-2　膜片弹簧式离合器的构造

磨光。压盘承受很大的机械负荷和热负荷，为防止使用中变形，常用强度和刚度都较大且耐磨性和耐热性都比较好的高强度铸铁制成。压盘的驱动是通过压盘和离合器盖之间周向均布的四组传动片来传递扭矩的。传动片用弹簧钢片制成，每组两片，其一端用铆钉铆在离合器盖上，另一端则用螺钉与压盘相连接。在离合器分离和接合过程中，依靠弹簧片的弯曲变形，使压盘前后移动。正常工作时，离合器盖通过传动片拉压盘旋转。这种驱动方式没有传动间隙，没有驱动部位的磨损问题，其维修工作量小，传动效率高，且无冲击噪声及压盘定心性能变坏等问题。但传动片的反向承载能力较差，汽车反拖时，易折断传动片。

2. 从动部分

从动部分的主要部件是从动盘，从动盘一般都带有扭转减振器。发动机传到传动系统的转速和转矩是周期性变化的，使传动系统产生扭转振动，这将使传动系统的零部件受到交变性冲击载荷，使其寿命缩短、零件损坏。采用扭转减振器可以有效地防止传动系统的扭转振动。带有扭转减振器的从动盘如图 2-1-3 所示。

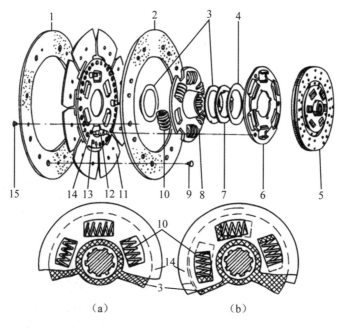

图 2-1-3 带有扭转减振器的从动盘

1、2.摩擦衬片 3.摩擦垫圈 4.碟形垫圈 5.装合后的从动盘总成 6.减振器盘 7.摩擦板
8.从动盘毂 9、13、15.铆钉 10.减振弹簧 11.波浪形弹簧钢片 12.止动销 14.从动盘钢片

从动盘由从动盘钢片（本体）、摩擦片、从动盘毂和扭转减振器等组成。从动盘钢片外圆周铆接有波浪形弹簧钢片，摩擦衬片分别铆接在弹簧钢片上，从动盘钢片与减振器盘铆接在一

起，这两者之间夹有摩擦垫圈和从动盘毂。从动盘毂、从动盘钢片和减振器盘上都有六个圆周均布的窗孔，减振弹簧装在窗孔中。这种结构使衬片与钢片在从动盘自由状态时有一定间隙。

当从动盘接收到转矩时，转矩从摩擦衬片传到从动盘钢片，再经减振弹簧传给从动盘毂，此时弹簧将被压缩。因为有弹性环节的作用，所以传动系统受的转动冲击可以在此得到缓和。传动系统中的扭转振动会使从动盘毂相对于从动盘本体和减振器盘来回转动，靠夹在它们之间的减振弹簧消耗扭转振动的能量，将扭转振动衰减下来。

3. 压紧装置与分离机构

压紧装置与分离机构由膜片弹簧、支承环、压盘、传动片及支承铆钉等组成。膜片弹簧形状像一个碟子，它是在一个具有锥形面的钢圆盘上，开有许多径向切口，形成一排有弹性的杠杆。切口的根部都钻有孔，以防止应力集中。

膜片弹簧式离合器的主要特点是用一个膜片弹簧代替传统的螺旋弹簧和分离杠杆。开有径向槽的碟形膜片弹簧，既起压紧机构的作用，又起分离杠杆的作用。这可使离合器的结构大为简化，缩短离合器的轴向尺寸。并且，由于膜片弹簧和压盘是环形接触的，故可保证压盘上的压力均匀，接合平顺。由于膜片弹簧本身的特性，当摩擦衬片因磨损变薄时，弹簧压力下降小，传动可靠性高，不易打滑，维持离合器在分离状态时所需的力量较小，操纵轻便。支承环装在膜片弹簧外侧，当膜片弹簧工作时，它作为枢轴工作。

4. 操纵机构

离合器的操纵机构是驾驶员用以使离合器分离、使之柔和接合的一套机构，它起始于离合器踏板，终止于分离杠杆。

按照分离离合器时所需操纵能源的不同，离合器操纵机构分为人力式和助力式。人力式又可以分为机械式和液压式；助力式又可以分为气压助力式和弹簧助力式。人力式操纵机构是以驾驶员作用在踏板上的力为唯一的操纵能源的；助力式操纵机构除了驾驶员的力以外，还可将其他形式的能源作为操纵力源。

本部分主要介绍机械式、液压式、助力式和电控式操纵机构。

机械式操纵机构有杆系传动和绳索传动两种形式。

杆系传动机构结构简单，工作可靠，被广泛应用于各类汽车上。但杆系传动中杆件间铰接多，摩擦损失大，车架或车身变形以及发动机位移时会影响其正常工作。其简易结构如图2-1-4所示。

绳索传动机构没有杆系传动机构那样的缺点，并能采用便于驾驶员操纵的吊挂式踏板。

但绳索寿命较短，拉伸刚度较小，故只适用于轻型、微型汽车。其简易结构如图 2-1-5 所示。

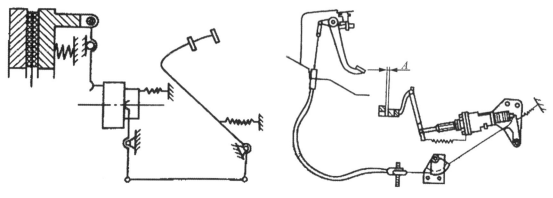

图 2-1-4　杆系传动机构　　　　　　　　　图 2-1-5　绳索传动机构

液压式操纵机构摩擦阻力小，布置方便，其工作不受车身、车架变形及发动机位移的影响，适合远距离操纵和吊挂式踏板的结构，在中小型汽车上得到了广泛应用。其结构如图 2-1-6 所示。

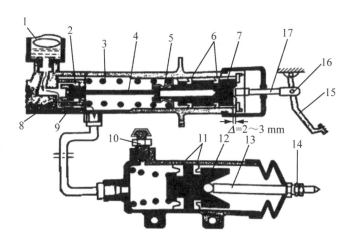

图 2-1-6　液压式操纵机构

1.储液罐　2.弹簧　3.主缸活塞回位弹簧　4.阀杆　5.后弹簧座　6.皮圈　7.主缸活塞　8.阀门　9.前弹簧座

10.放气阀　11.皮圈　12.活塞　13.推杆　14.调整螺母　15.踏板　16.偏心调整螺钉　17.推杆

在机械式和液压式操纵机构中，为了降低踏板力，改善驾驶员的操作条件，常用各种助力器，其中用得较多的有弹簧助力机械式和气压助力式两种。

弹簧助力机械式操纵机构结构简单，没有借助其他外力的帮助，故其助力效果有限（一般只能增加原踏板力的 20%～30%），所以只在小型汽车上被采用。其结构如图 2-1-7 所示。

在中型和重型货车上，离合器压紧弹簧的压紧力很大，为了减小所需踏板力，可在机械式和液压式操纵机构中采用各种助力装置。气压助力器设在液压操纵机构中，与气压制动系

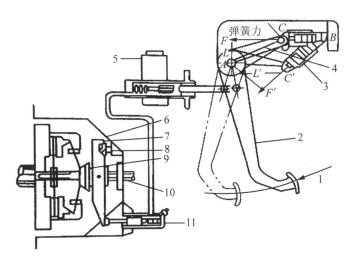

图 2-1-7　弹簧助力机械式操纵机构

1. 踏板力　2. 踏板　3. 助力弹簧　4. 短臂　5. 总泵　6. 飞轮

7. 分离叉　8. 支柱销　9. 分离轴承　10. 轴套　11. 分泵

统及其他气动设备共用一套压缩空气源。其结构如图 2-1-8 所示。

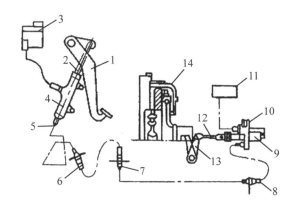

图 2-1-8　气压助力式操纵机构

1. 踏板　2. 主缸推杆　3. 储油筒　4. 离合器主缸　5. 前钢管　6. 前软管　7. 后钢管　8. 后软管

9. 助力器　10. 排气螺钉　11. 储气筒　12. 助力器推杆　13. 分离叉　14. 离合器总成

电控式操纵机构用在机械电动机式自动离合器和液压式自动离合器两种自动离合器上。

机械电动机式自动离合器的电子控制单元（Electronic Control Unit，ECU）汇集加速踏板、发动机转速传感器、车速传感器等信号，处理后发送指令驱动伺服电动机，通过拉杆等机械形式驱使离合器动作。液压式自动离合器则是由 ECU 发送信号驱动电动液压系统，通过液压操纵离合器动作。

三、 离合器的类型

目前汽车上广泛采用摩擦式离合器，即离合器主、从动件之间靠摩操作用传递扭矩。摩擦式离合器分类见表 2-1-1。

表 2-1-1　摩擦式离合器分类

按从动盘的数目不同分	单片离合器
	双片离合器
	多片离合器
按弹簧的类型和布置形式不同分	弹簧离合器
	中央弹簧离合器
	斜置弹簧离合器
	膜片弹簧离合器
按操纵机构的不同分	机械式
	液压式
	空气式
	空气助力式

四、 离合器的工作原理

1. 接合状态

离合器在接合状态时，弹簧将压盘、飞轮及从动盘互相压紧。发动机的转矩经飞轮及压盘通过摩擦面的摩擦力矩传至从动盘，再经从动轴向传动系统输出。

2. 分离过程

踏下踏板时，拉杆拉动分离叉外端向右(后)移动，分离叉内端则通过分离轴承推动分离杠杆的内端向前移动，分离杠杆外端便拉动压盘向后移动，使其在进一步压缩压紧弹簧的同时，解除对从动盘的压力。于是，离合器的主、从动部分处于分离状态而中断动力的传递。

3. 接合过程

当需要恢复动力传递时，缓慢地抬起离合器踏板，分离轴承减小对分离杠杆内端的压力，压盘便在压紧弹簧作用下逐渐压紧从动盘，并使所传递的扭矩逐渐增大。当所能传递的扭矩小于汽车起步阻力时，汽车不动，从动盘不转，主、从动摩擦面间完全打滑；当所能传递的扭矩达到足以克服汽车开始起步的阻力时，从动盘开始旋转，汽车开始移动，但仍低于飞轮的转速，即摩擦面间仍存在着部分打滑的现象。再随着压力的不断增加和汽车的不断加速，主、从动部分的转速差逐渐减小，直到转速相等，滑磨现象消失，离合器完全接合为止，接合过程即结束。

由上可知，汽车平稳起步是靠离合器逐渐接合过程中滑磨程度的变化来实现的。

接合后，在复位弹簧的作用下，踏板回到最高位置，分离叉内端回至最右位置。分离轴承则在复位弹簧的作用下离开分离杠杆，向右紧靠在分离叉上。

五、 离合器的自由间隙和踏板的自由行程

如图 2-1-9 所示，离合器处于接合状态时，分离轴承与分离杠杆内端之间预留的间隙称为离合器的自由间隙。其作用是防止从动盘摩擦片磨损变薄后压盘不能向前移动而造成离合器打滑。消除离合器的自由间隙和分离机构、操纵机构零件的弹性变形所需要的离合器踏板的行程称为离合器踏板的自由行程，其大小可以调整。

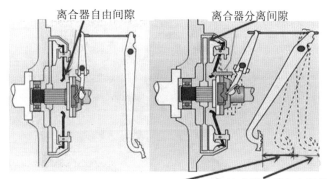

图 2-1-9

（➔）**任务实施** —————

1. **任务名称**

离合器踏板的行程调整。

2. **任务准备**

（1）工作场景：理实一体化教室。

（2）主要设备：教学用车、举升机、工具车、手电筒。

（3）辅助设备：三件套、抹布、手套、白板、卡片纸、双面胶等。

3. **实施步骤**

任务的实施步骤见表 2-1-2。

表 2-1-2　实施步骤

作业内容	图解	技术规范
1. 车辆防护		**技术要求** 　1. 车辆位于举升机位的正常举升初始位置。 　2. 安装车轮挡块。 　3. 拉紧驻车制动器。 　4. 安装三件套。
2. 移座椅		**技术要求** 　1. 用一只手扶着背椅,另一只手扣起座椅前部底下调整拉杆,往后调至极限位置。 　2. 同时检查座椅螺丝是否有松动。
3. 测量离合器踏板的自由行程		**技术要求** 　1. 用直尺测出踏板完全放松情况下踏板的高度。 　2. 用手慢慢按下离合器踏板,读出当手上感觉有阻力时踏板的高度。 　3. 这两个高度的差值即离合器踏板的自由行程,一般车辆的自由行程在 30 mm 左右,具体数据要看车型。
4. 认识踏板行程调整装置		**技术要求** 　离合器踏板的自由行程调整装置在踏板的下方,观察的时候要借助手电筒。

作业内容	图解	技术规范
5. 松开锁紧装置		**技术要求** 1. 认识锁紧螺母所在位置。 2. 认识锁紧螺母的大小以便选择合适的工具。 3. 用开口扳手松开锁紧螺母。
6. 调整踏板的自由行程		**技术要求** 1. 认识调整螺杆所在位置。 2. 认识调整螺杆方向。 3. 选择合适的工具调整踏板的自由行程(此时要根据刚才所读数据来进行调整)。
7. 再次测量踏板的自由行程		**技术要求** 具体的测量方法与数据同步骤 3。

作业内容	图解	技术规范
8. 拧紧锁紧螺母		**技术要求** 如果不符合技术要求，则必须重复以上步骤，直至符合要求后拧紧锁紧螺母。
9.5S 工作		**技术要求** 1. 收起翼子板布、前格栅布，放到规定位置，盖上发动机舱盖。 2. 收起三件套，丢弃至指定垃圾箱中。 3. 拔出钥匙，锁好车门，钥匙放回指定位置。 4. 清洁车辆、地面及工具。

Mɪssɪᴏɴ 任务 2　手动变速器的检修

任　务　目　标

1. 能叙述手动变速器的作用、结构、分类。

2. 能说出手动变速器的工作原理。

3. 会分析手动变速器齿轮传动机构的工作过程。

4. 会分析手动变速器操纵机构的工作过程。

5. 能规范地进行手动变速器的拆装。

6. 能安全规范的工作，树立求真务实、生命至上、绿色生产、敬业奉献的理念。

→ 必备知识

一、　手动变速器的作用

(1)改变自发动机传递到驱动轮上的扭矩和转速。

(2)在发动机旋转方向不变的前提下，使汽车能倒退行驶。

(3)利用空挡，可中断动力传递，便于起动、怠速、换挡和动力输出。

在轿车上，变速器的挡位从早期的 2 挡发展到今天普遍使用的 6 挡。

二、　手动变速器的布置形式

手动变速器的布置形式如图 2-2-1、图 2-2-2 所示。

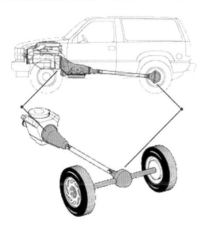

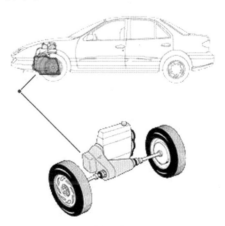

图 2-2-1　纵向布置的变速器

（通常为后轮驱动）

图 2-2-2　横向布置的变速器

（通常为前轮驱动）

三、 手动变速器的组成

手动变速器主要由壳体、齿轮传动机构、操纵机构三部分组成，如图 2-2-3 所示。

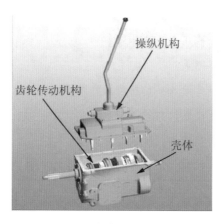

图 2-2-3　手动变速器的组成

（1）变速器的外壳为整体式的。

（2）变速器盖由上盖和顶盖组成，上盖和顶盖内装有操纵机构。

（3）齿轮传动机构由输入轴、输出轴（上主轴和下主轴）、各挡齿轮、同步器和轴承等组成。

四、 手动变速器的分类

按齿轮传动方式分类主要有二轴式变速器和三轴式变速器两种。

1. 二轴式变速器

在汽车传动系统中，采用发动机前置前轮驱动或发动机后置后轮驱动的汽车，由于受总体布置的影响，一般采用二轴式变速器，即只设有输入轴、输出轴和倒挡轴，而不设中间轴。

2. 三轴式变速器

对于客车或中、重型载货汽车，在传动系统中，要求输出更大的扭矩和实现较大的速度变动范围，因此一般采用三轴式变速器，即除设有输入轴、输出轴和倒挡轴之外，还有中间轴。与二轴式变速器相比，三轴式变速器有以下特点：在相同的径向尺寸下，可获得较大的传动比；获得直接挡时，变速器的传动效率高。

五、　手动变速器的变速原理和变向原理

1. 变速原理

手动变速器利用不同齿数的齿轮啮合传动来实现转矩和转速的改变。

传动比指主动齿轮（输入轴）转速与从动齿轮（输出轴）转速的比值，用 i_{12} 表示。设主动齿轮转速为 n_1，齿数为 z_1，从动齿轮转速为 n_2，齿数为 z_2，则传动比为：

$$i_{12} = n_1/n_2 = z_2/z_1。$$

不同情况下的传动比见表 2-2-1。

表 2-2-1　不同情况下的传动比

主动齿轮	输出转速		输出转矩		传动情况	传动比
小齿轮带动大齿轮	降速	$n_2 < n_1$	增矩	$T_2 > T_1$	减速	$i_{12} > 1$
大齿轮带动小齿轮	升速	$n_2 > n_1$	降矩	$T_2 < T_1$	增速	$i_{12} < 1$
两齿轮数相同	相同	$n_2 = n_1$	相同	$T_2 = T_1$	直接传输	$i_{12} = 1$

一对齿轮传动只能得到一个固定的传动比，得到一种输出转速，构成一个挡位。手动变速器通常采用多组大小不同的齿轮啮合传动，构成多个不同的挡位，对应不同的挡位，均有不同的传动比，从而得到各种不同的输出转速。

2. 变向原理

齿轮啮合传动分内啮合传动和外啮合传动。手动变速器中使用的通常是外啮合齿轮，外啮合的一对齿轮传动，两齿轮旋向相反；两对内啮合齿轮传动，输入轴与输出轴转向相同。

六、　手动变速器齿轮传动机构的工作过程

1. 作用

改变转矩的大小。

2. 组成

以 M32-6 手动变速器为例。这款手动变速器是一个全同步 3 轴变速器，如图 2-2-4 所示。

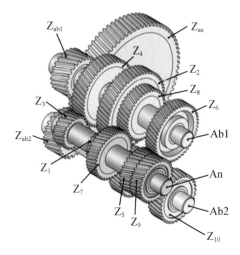
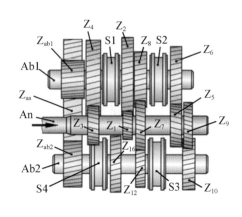

图 2-2-4 M32-6 手动变速器

Ab1—下主轴 An—输入轴 Ab2—上主轴 Z_1——挡齿轮 Z_2——挡齿轮 Z_3—二挡齿轮 Z_4—二挡齿轮 Z_5—三挡齿轮 Z_6—三挡齿轮 Z_7—五挡/六挡齿轮 Z_8—五挡齿轮 Z_9—四挡齿轮 Z_{10}—四挡齿轮 Z_{12}—六挡齿轮 Z_{16}—倒挡齿轮 Z_{ab1}—下主轴输出齿轮 Z_{ab2}—上主轴输出齿轮 Z_{as}—主减速器从动齿轮 S1——挡/二挡同步器 S2—三挡/五挡同步器 S3—四挡/六挡同步器 S4—倒挡同步器

3. 各挡位动力传递情况

各挡位动力传递情况如表 2-2-2 所示。

表 2-2-2 各挡位动力传递情况

示意图	各挡位动力传递情况
（见图示）	一挡： 一挡/二挡同步器 S1 向右滑动，与下主轴一挡齿轮 Z_2 相接合。 动力路线为： 输入轴 An—输入轴常一挡齿轮 Z_1—下主轴一挡齿轮 Z_2—下主轴 Ab1。

示意图	各挡位动力传递情况
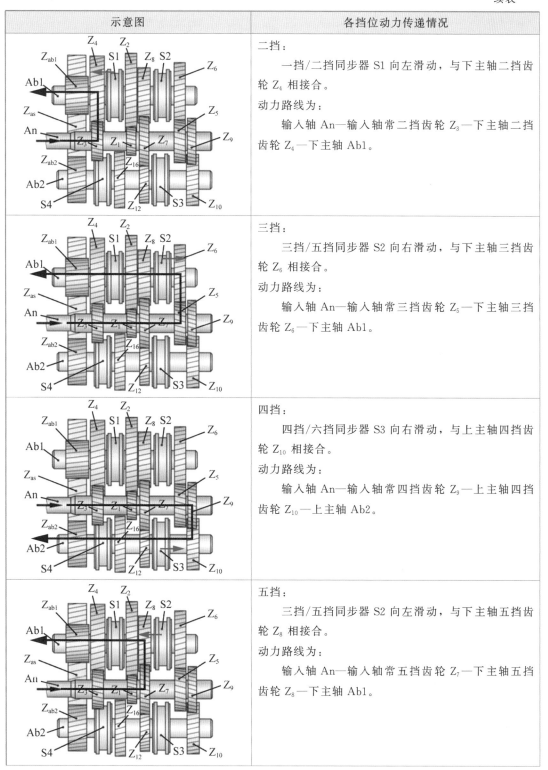	二挡： 　　一挡/二挡同步器 S1 向左滑动，与下主轴二挡齿轮 Z_4 相接合。 动力路线为： 　　输入轴 An—输入轴常二挡齿轮 Z_3—下主轴二挡齿轮 Z_4—下主轴 Ab1。
	三挡： 　　三挡/五挡同步器 S2 向右滑动，与下主轴三挡齿轮 Z_6 相接合。 动力路线为： 　　输入轴 An—输入轴常三挡齿轮 Z_5—下主轴三挡齿轮 Z_6—下主轴 Ab1。
	四挡： 　　四挡/六挡同步器 S3 向右滑动，与上主轴四挡齿轮 Z_{10} 相接合。 动力路线为： 　　输入轴 An—输入轴常四挡齿轮 Z_9—上主轴四挡齿轮 Z_{10}—上主轴 Ab2。
	五挡： 　　三挡/五挡同步器 S2 向左滑动，与下主轴五挡齿轮 Z_8 相接合。 动力路线为： 　　输入轴 An—输入轴常五挡齿轮 Z_7—下主轴五挡齿轮 Z_8—下主轴 Ab1。

续表

示意图	各挡位动力传递情况
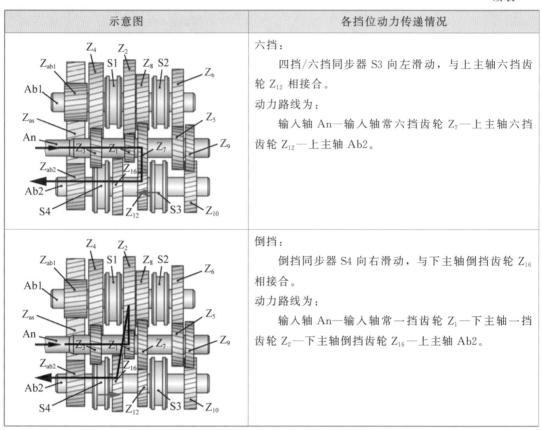	**六挡:** 四挡/六挡同步器 S3 向左滑动,与上主轴六挡齿轮 Z_{12} 相接合。 动力路线为: 输入轴 An—输入轴常六挡齿轮 Z_7—上主轴六挡齿轮 Z_{12}—上主轴 Ab2。
	倒挡: 倒挡同步器 S4 向右滑动,与下主轴倒挡齿轮 Z_{16} 相接合。 动力路线为: 输入轴 An—输入轴常一挡齿轮 Z_1—下主轴一挡齿轮 Z_2—下主轴倒挡齿轮 Z_{16}—上主轴 Ab2。

七、 手动变速器操纵机构

1. 作用

手动变速器操纵机构的作用是根据汽车使用的条件,驾驶员可随时将变速器换上或摘下某个挡位,实现换挡。

2. 类型

根据变速器变速杆与变速器的相互位置的不同,变速器操纵机构可分为直接操纵式和远距离操纵式两种类型。

直接操纵式,如图 2-2-5 所示。一般发动机前置后轮驱动汽车的变速器距离驾驶员座位较近,换挡杆等外操纵机构多集中安装在变速器盖上,结构简单、操纵容易且准确。

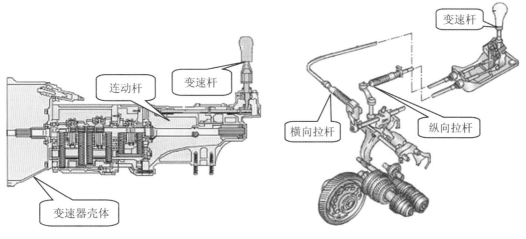

图 2-2-5　直接操纵式　　　　　　　图 2-2-6　远距离操纵式

远距离操纵式，如图 2-2-6 所示。在发动机后置后轮驱动的汽车上，通常汽车变速器距离驾驶员座位较远，变速杆和变速器之间通常需要用连杆机构连接，进行远距离的操纵。

3. 组成

手动变速器操纵机构主要由拨叉、拨叉轴、互锁销、自锁钢球、自锁弹簧、换挡杆等组成，如图 2-2-7 所示。

4. 对操纵机构的性能要求

变速器不应自行挂挡或自行脱挡，同时应保证挂挡传动时，齿轮、接合套或同步器的接合套花键以全齿进行啮合，应由自锁装置来保证，如图 2-2-8 所示。

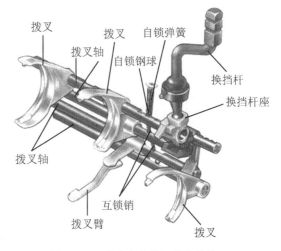

图 2-2-7　手动变速器的操纵机构

变速器在工作中不应同时挂入两个挡，应由互锁装置来保证，如图 2-2-9 所示。

防止误挂倒挡，应由倒挡锁来保证。

八、同步器

1. 作用

使接合套与待啮合的齿轮迅速达到同步；阻止在同步之前齿轮进行啮合；防止产生接合

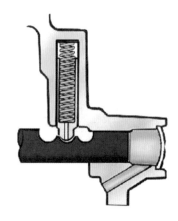

图 2-2-8　自锁装置

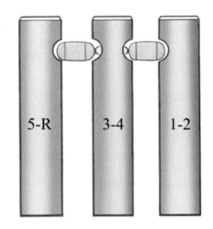

图 2-2-9　互锁装置

齿圈之间的冲击；缩短换挡时间，迅速完成换挡操作；延长齿轮寿命。

2. 分类

同步器按工作原理可分为常压式的、惯性式的和自动增力式的三种，现在广泛使用的是惯性式同步器。惯性式同步器根据锁止机构不同，可分为锁环式和锁销式两种。

锁环式惯性同步器，如图 2-2-10 所示（桑塔纳 2000 型轿车三、四挡锁环式惯性同步器）。

锁销式惯性同步器，如图 2-2-11 所示（EQ1092 型汽车五挡变速器四、五挡锁销式惯性同步器）。

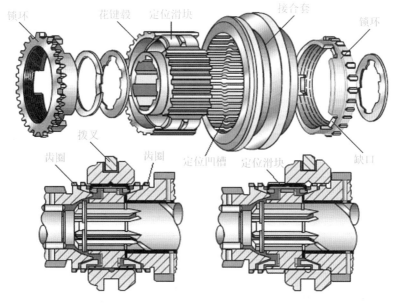

图 2-2-10　锁环式惯性同步器

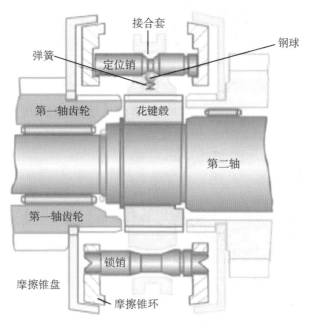

图 2-2-11　锁销式惯性同步器

→ **任务实施**

1. **任务名称**

手动变速器的拆装。

2. 任务准备

(1)工作场景:理实一体化教室。

(2)主要设备:M32-6变速器、世达工具车。

(3)辅助设备:抹布、手套。

3. 实施步骤

任务的实施步骤见表2-2-3。

表 2-2-3　实施步骤

作业内容	图解	技术规范
1. 拆下主减速侧端盖及油封		**技术要求** 1. 固定螺栓数量4个。 2. 对角预松。 3. 套筒要选对,否则螺栓容易损坏。
2. 拆下并取下主减速下端盖		**技术要求** 1. 固定螺栓数量:4个大号、6个小号。 2. 对角预松。 3. 套筒要选对,否则螺栓容易损坏。 4. 先拆卸小号螺栓,再拆卸大号螺栓。
3. 取下主减速器总成及轴承、垫片		**技术要求** 1. 左、右手指插入两端轴承内,取下总成件。 2. 主减速器较重,要轻拿轻放。 3. 左侧有垫片,安装时不要装反。

作业内容	图解	技术规范
4. 拆卸并取下换挡机构		**技术要求** 1. 固定螺栓数量 2 个。 2. 对角预松。 3. 取出部件时注意有密封圈，勿损坏。 4. 套筒要选对，否则螺栓容易损坏。 5. 先拆卸小号螺栓，再拆卸大号螺栓。
5. 拆下并取下倒车灯触电开关		**技术要求** 1. 固定螺栓为 22 号，数量 1 个。 2. 工具要选对，否则螺栓容易损坏，建议选用开口扳手。

作业内容	图解	技术规范
6. 拆下并取下变速器端盖		**技术要求** 1. 固定螺栓数量16个。 2. 先对角预松。 3. 套筒要选对，否则螺栓容易损坏。 4. 取下端盖时要扶稳，不要带出传动轴。
7. 取下下主轴总成及三四、倒挡拨叉总成		**技术要求** 1. 两手托住下主轴总成及三四、倒挡拨叉总成，同时从变速器壳体中抽出。 2. 下主轴总成及三四、倒挡拨叉总成较重，要小心不要掉落。 3. 取下下主轴总成及三四、倒挡拨叉总成时会带出输入轴总成，需要两人配合。
8. 取下输入轴总成		**技术要求** 1. 两手托住输入轴总成，同时从变速器壳体中抽出。 2. 取下输入轴总成时会带出上主轴总成及一二、五六挡拨叉总成，需要两人配合。

续表

作业内容	图解	技术规范
9. 取下上主轴总成及一二、五六挡拨叉总成		**技术要求** 1. 两手托住上主轴总成及一二、五六挡拨叉总成，同时从变速器壳体中抽出。 2. 上主轴总成及一二、五六挡拨叉总成较重，要小心不要掉落。
10. 安装上主轴总成及一二、五六挡拨叉总成		**技术要求** 1. 两手托住上主轴总成及一二、五六挡拨叉总成，同时装入变速器壳体中。 2. 勿将上主轴总成及一二、五六挡拨叉总成装错位置。 3. 上主轴总成及一二、五六挡拨叉总成较重，要小心不要掉落。
11. 安装输入轴总成		**技术要求** 1. 两手托住输入轴总成，同时装入变速器壳体中。 2. 装入输入轴总成时确保其与上主轴的齿轮啮合到位，否则将影响后续操作。

作业内容	图解	技术规范
12. 安装下主轴总成及三四、倒挡拨叉总成		**技术要求** 1. 两手托住下主轴总成及三四、倒挡拨叉总成,同时装入变速器壳体中。 2. 下主轴总成及三四、倒挡拨叉总成较重,要小心不要掉落。 3. 装入下主轴总成及三四、倒挡拨叉总成时确保其与输入轴的齿轮啮合到位。
13. 安装变速器端盖		**技术要求** 1. 固定螺栓数量 16 个,扭矩 20 N·m。 2. 先对角预紧,后上扭矩。 3. 套筒要选对,否则螺栓容易损坏。
14. 安装换挡机构		**技术要求** 1. 固定螺栓数量 2 个,扭矩 20 N·m。 2. 先对角预紧,后上扭矩。 3. 套筒要选对,否则螺栓容易损坏。
15. 安装倒车灯触电开关		**技术要求** 1. 倒车灯开关螺栓扭矩 35 N·m。 2. 工具要选对,否则螺栓容易损坏。

续表

作业内容	图解	技术规范
16. 安装主减速及轴承、垫片		技术要求 　1. 左、右手指插入两端轴承内，安装总成件。 　2. 主减速器较重，要轻拿轻放。 　3. 左侧有垫片，安装时不要装反。
17. 安装主减速下端盖		技术要求 　1. 固定螺栓数量 4 个，扭矩 20 N·m+45°。 　2. 先对角预紧，后上扭矩和角度。 　3. 固定螺栓数量 6 个，扭矩 20 N·m。 　4. 套筒要选对，否则螺栓容易损坏。
18. 安装主减速下端盖左侧油封		技术要求 　1. 左侧油封要均匀的压入规定位置中。 　2. 勿用力挤压油封。
19. 安装主减速侧端盖及油封		技术要求 　1. 固定螺栓数量 4 个，扭矩 20 N·m。 　2. 先对角预紧，后上扭矩。 　3. 套筒要选对，否则螺栓容易损坏。

作业内容	图解	技术规范
20.5S 工作		**技术要求** 1. 按工位图进行复位。 2. 按要求做好 5S 工作。 3. 安全工作，树立服务人民、绿色生产、敬业奉献的理念。

MᴵꜱꜱᴵᴼN 3　任务 3　自动变速器的认识

任　务　目　标

1. 能说出自动变速器的作用、结构、分类。
2. 能说出自动变速器的工作原理。
3. 能分析自动变速器单级行星齿轮传动机构的工作过程。
4. 会进行自动变速器的挡位操作。
5. 会换自动变速器油液。
6. 能合作学习，安全工作，践行绿色生产、敬业奉献的工匠精神。

→ **必备知识**

一、自动变速器的作用

（1）能够根据发动机负荷和车速等情况自动变换传动比，使汽车拥有良好的动力性和燃料经济性，并减少发动机排放污染。

（2）换挡平滑，无冲击和振动，噪声小。

（3）操纵轻便，在车辆拥挤时，可大大提高车辆行驶的安全性及可靠性。

二、自动变速器的分类

1. 按齿轮变速系统的控制方式分

液控液动自动变速器：在手控制阀位置选定后，由反映节气门开度的节气门阀和反映车速的调速器阀把节气门开度和车速转变为液压信号。在换挡点，这些液压信号直接控制换挡阀进行换挡，如图 2-3-1 所示。

电控液动自动变速器：在手控制阀位置选定后，由反映节气门开度的节气门位置传感器和反映车速的车速传感器把节气门开度和车速转变为电信号。这些电信号输入 ECU，由 ECU 控制液压阀和液压执行机构进行换挡，如图 2-3-2 所示。

2. 按传动方式分

普通齿轮式自动变速器：轮式自动变速器体积较大，最大传动比较小，只有少数几种车

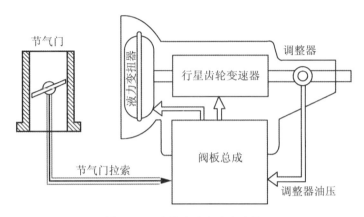

图 2-3-1　液控液动自动变速器

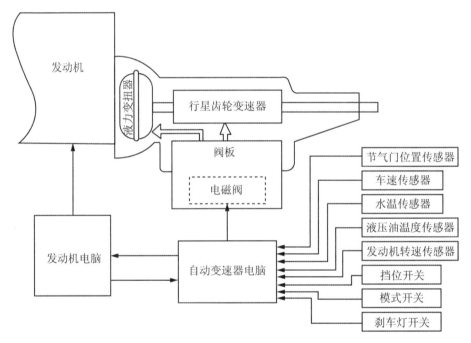

图 2-3-2　电控液动自动变速器

型使用(如本田 ACCORD 轿车)。

行星齿轮式自动变速器：结构紧凑，能获得较大的传动比，被绝大多数轿车采用。

金属带式自动变速器：大多用于无级变速。

3. 按变矩器的类型分

无锁止离合器的变矩器：早期的变矩器中没有锁止离合器，在任何情况下都是以液力的方式传递发动机动力，因此传动效率较低。

有锁止离合器的变矩器：新型轿车自动变速器大都采用带锁上离合器的变矩器，当汽车达到一定车速时，控制系统使锁止离合器接合，液力变矩器输入部分和输出部分连成一体，发动机动力以机械传递的方式直接传入齿轮变速器，从而提高了传动效率，降低了汽车的燃油消耗量。

4. 按汽车驱动方式分

按汽车驱动方式的不同，自动变速器可分为：后轮驱动自动变速器(FR)、前轮驱动自动变速器(FF)，如图 2-3-3、图 2-3-4 所示。

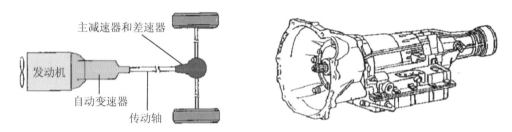

图 2-3-3 后轮驱动自动变速器(FR)

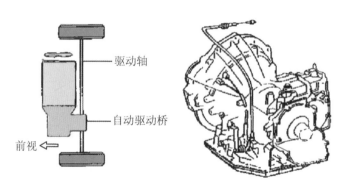

图 2-3-4 前轮驱动自动变速器(FF)

5. 其他类型的自动变速器

其他类型的自动变速器外形如图 2-3-5 所示。

三、 自动变速器的组成

自动变速器是一个由机械、电子—液压控制系统组成的封闭装置。它由液力变矩器、油

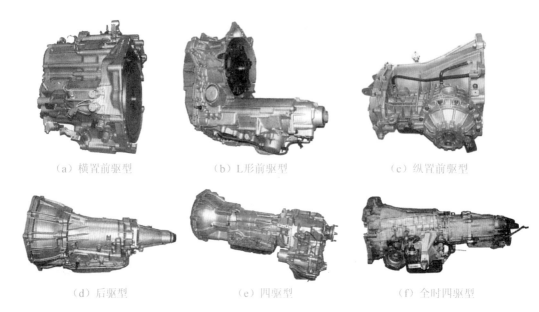

（a）横置前驱型　　　　　　（b）L形前驱型　　　　　　（c）纵置前驱型

（d）后驱型　　　　　　（e）四驱型　　　　　　（f）全时四驱型

图 2-3-5　其他类型的自动变速器外形

泵、齿轮变速机构、液压控制系统等组成，如图 2-3-6 所示。

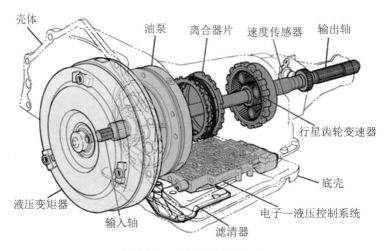

图 2-3-6　自动变速器的组成

1. 液力变矩器

液力变矩器主要由泵轮、导轮、涡轮、单向离合器、锁止离合器组成。安装在发动机飞轮上时，它可取代机械离合器。其作用是：将发动机的转矩通过油液传递给变速器的齿轮变速机构。

泵轮：泵轮与变矩器壳连成一体，其内部径向装有许多扭曲的叶片，叶片内缘则装有让变速器油液平滑流过的导环。变矩器壳与曲轴后端的驱动盘相连接。液力变矩器泵轮随曲轴转动，泵轮相当于离合器中的主动盘，如图 2-3-7 所示。

导轮：导轮位于泵轮与涡轮之间，通过单向自由轮安装在与变速器壳连接的导管轴上。它由许多扭曲叶片组成，内装有单向离合器，如图 2-3-8 所示。

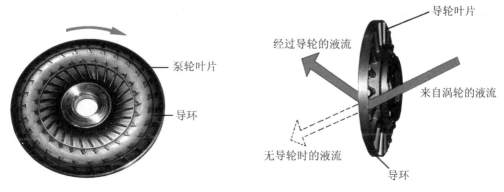

图 2-3-7　泵轮实物图　　　　　　　　图 2-3-8　导轮工作原理图

涡轮：涡轮上也装有许多叶片，但涡轮叶片的扭曲方向与泵轮叶片的扭曲方向相反。涡轮中心由花键孔与变速器输入轴相连，涡轮相当于离合器中的从动盘，如图 2-3-9 所示。

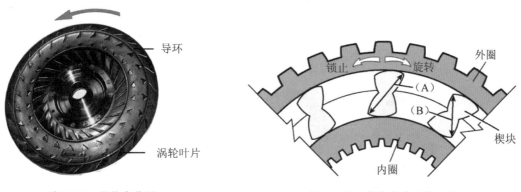

图 2-3-9　涡轮实物图　　　　　　　　图 2-3-10　楔块式单向离合器

单向离合器：单向离合器的作用是只允许在一个方向上的运动，有相反方向的则锁止。如图 2-3-10、图 2-3-11 所示。

锁止离合器：进入耦合工况后，由于没有增扭作用，涡轮得到的扭矩应是曲轴的输出扭矩，但实际过程并没有 100％ 传递动力，这使燃油经济性下降。所以，在液力变矩器中设置锁止离合器，使其在高速工作的情况下用机械方式连接泵轮和涡轮，如图 2-3-12 所示。

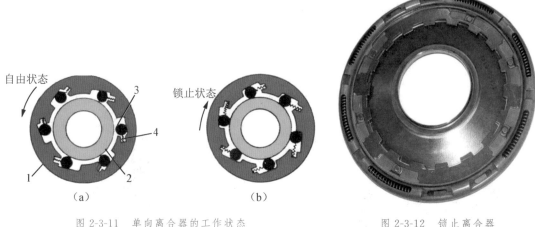

自由状态

锁止状态

3
4
1
2
（a）

（b）

图 2-3-11　单向离合器的工作状态

图 2-3-12　锁止离合器

2. 油泵

油泵是自动变速器内所有液压油的动力源，它使液压油产生一定的压力和流量，供给液力变矩器和液压自动操纵系统所需的液压油，并保证各摩擦副的润滑需要。安装位置位于液力变矩器和变速器之间。

常用的油泵类型：齿轮泵、转子泵和叶片泵。详见表 2-3-1。

表 2-3-1　油泵类型及特点

油泵类型	示意图	特点
齿轮泵	出油腔 进油腔 月牙隔板 泵体 从动齿轮 主动齿轮 端盖 螺钉	结构：由主动齿轮、从动齿轮、月牙隔板、泵体、端盖、进油腔、出油腔、螺钉等组成。 优点：尺寸小、质量轻、流量脉动小、噪声小。

续表

油泵类型	示意图	特点
转子泵	壳体 外转子 转子轴 内转子 进油 压油 出油	结构：由外转子、转子轴、内转子和壳体组成。 优点：结构简单、尺寸紧凑、噪声小、运转平稳、高速性能良好等。 缺点：流量脉冲大，加工精度要求高。
叶片泵	进油口 叶片 定子 出油口 转子	结构：由定子、转子、叶片、进油口及出油口组成。 优点：运转平稳、噪声小、泵油流量均匀、容积效率高等。 缺点：结构复杂，对液压油的污染比较敏感。

3. 齿轮变速机构

齿轮变速机构有普通齿轮和行星齿轮两种。大多数自动变速器采用行星齿轮变速机构。在现代汽车自动变速器中，行星齿轮机构十分复杂，有多种类型。

按照齿轮啮合方式不同，行星齿轮机构可以分为内啮合式的和外啮合式的。

按照齿轮的排数不同，行星齿轮机构可以分为单排的和多排的。

按照太阳轮和齿圈之间的行星齿轮组数不同，行星齿轮机构可以分为单行星齿轮式和双行星齿轮式。行星齿轮机构包括一个太阳轮、行星架（包括若干个行星小齿轮）和一个齿圈。如图 2-3-13、图 2-3-14 所示。

4. 液压控制系统

在自动变速器液压控制系统

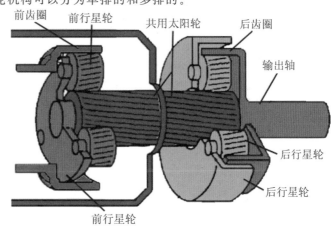

图 2-3-13　辛普森式行星齿轮机构

中,工作介质是自动变速器油,系统由控制元件和执行元件组成。

控制元件出主油路压力调节阀、节气门阀、调速阀、手控阀和控制油路等组成。

执行元件由换挡阀、多片离合器和制动带等组成。

基本油压:主油路压力、节气门阀压力和调速阀压力。它们之间相互配合控制自动变速器的升挡和降挡。

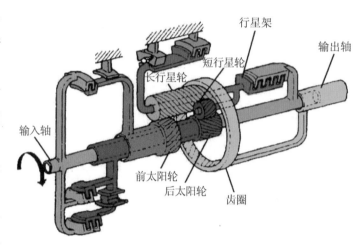

图 2-3-14　拉维挪式行星齿轮机构

节气门对应的节气门阀产生节气门油压;速控阀产生与车速相对应的速控油压;换挡阀控制换挡油路;控制系统的工作油压在换挡阀的控制下通过高挡油路进入变速机构,使自动变速器挂上高挡,通过低挡油路进入变速机构,使自动变速器挂上低挡。如图 2-3-15 所示。

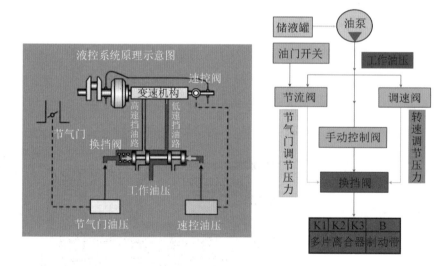

图 2-3-15　液压控制系统原理图

5. 电子控制系统

电子控制系统由电子控制单元、速度传感器、节气门位置传感器、各种电磁阀、各种开关及指示装置等构成，如图 2-3-16 所示。

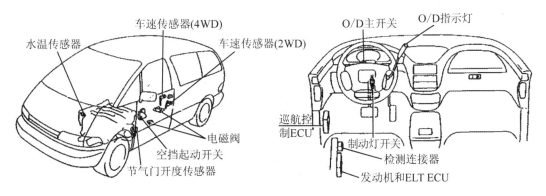

图 2-3-16　电子控制系统元件位置

四、 自动变速器的工作原理

液力变矩器利用液体的流动，将来自发动机的扭矩传递给齿轮传动机构，同时，液压控制系统根据行驶需要(节气门开度、车速等信号)来操纵离合器、制动器等执行元件，通过齿轮传动机构获得相应的传动比和旋转方向，自动实现变速换挡。在以上过程中，扭矩增大、节气门的开度及车速信号对液压控制装置的操纵、齿轮传动机构传动比和旋转方向的改变，都是在变速器内部自动进行的，不需要驾驶员操作。上述过程如图 2-3-17 所示。

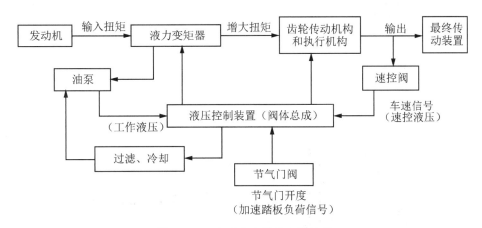

图 2-3-17　自动变速器的工作原理

1. 液力变矩器

开始工作时，涡轮的转速为零，泵轮、涡轮之间存在很大的转速差。工作液在泵轮的作用下，以一定速度冲向涡轮。由于涡轮静止不动，液流流出涡轮冲向导轮。这时导轮在单向离合器的作用下被锁止，使输出的力矩大于输入的发动机力矩，实现"增矩"。当涡轮的速度逐渐增大时，泵轮与涡轮之间的转速差逐渐减小，流出涡轮的液流方向逐渐改变，冲向导轮背面。若这时导轮仍被锁止，反而减小了输出的转矩，但由于单向离合器不起锁止作用，即导轮可以自由转动。输出的转矩等于发动机的输入转矩，即耦合点，变矩器实际上就成了耦合器(只传动不增矩)。通过单向离合器扭矩升高在变矩器壳中还集成了一个锁止离合器，其工作方式像一个普通的干式离合器。当泵轮和涡轮的转速几乎相同时，锁止离合器连接泵轮和涡轮。如图2-3-18、图2-3-19所示。

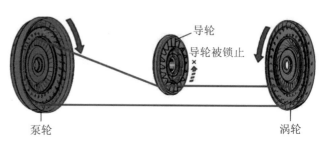

图 2-3-18　单向离合器被锁止

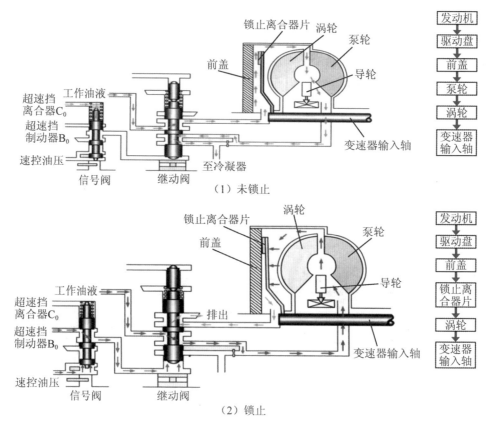

（1）未锁止

（2）锁止

图 2-3-19　锁止离合器工作示意图

2. 内啮合齿轮泵

内啮合齿轮泵主要由起主动作用的小齿轮，从动的内齿轮、月牙隔板、泵壳、泵盖等组成。较小的外齿轮安装在较大的内齿轮中，内齿轮是从动齿轮，安装在泵体中。内外齿轮之间安装了一个月牙形隔板。油泵主动齿轮由变矩器驱动，齿轮转动时，月牙形隔板一侧的容积因齿轮退出啮合而增大，是进油腔；另一侧容积因齿轮进入啮合而减小，是出油腔。如图 2-3-20 所示。

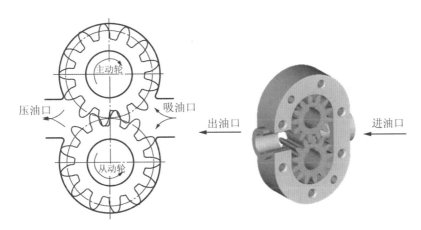

图 2-3-20　齿轮油泵的工作原理

3. 齿轮传动机构

单排行星齿轮机构由一个太阳轮(中心轮)、一个行星架、一个齿圈和几个行星齿轮组成。太阳轮位于系统的中心，行星齿轮与它相啮合。最外侧是同行星齿轮相啮合的齿圈。通常有 3～6 个行星齿轮，它们均匀或对称布置。各行星齿轮借助于滚针轴承(带有或不带有保持架)和行星齿轮轴安装在行星架上，两端有止推垫片。工作时，行星齿轮除绕行星齿轮轴自转外，同时还要绕太阳轮公转。行星齿轮绕太阳轮公转时，行星齿轮轴和行星架也将一起绕太阳轮旋转。行星齿轮与太阳轮、齿圈都是常啮合的。行星齿轮的个数取决于变速器的设计负荷，对于重负荷，需要增加行星齿轮个数，以使工作负荷由更多的齿轮齿来承担。如图 2-3-21 所示。

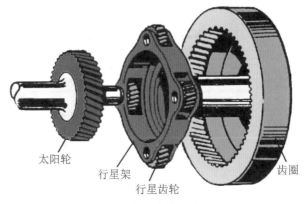

图 2-3-21　行星齿轮传动机构

4. 液压控制系统

当汽车负载大，节气门开度大，车速低时，节气门阀输出的节气门油压高，速控阀输出的速控油压低，换挡阀左侧大于右侧油压，阀芯右移，工作油压将通过换挡阀、低挡油路进入变速机构，使低挡离合器或制动器接合，自动变速器挂上低挡。

当汽车负载小，车速高时，节气门阀输出的节气门油压低，速控阀输出的速控油压高，换挡阀中左侧油压低于右侧油压，阀芯左移，工作油压将通过换挡阀、高挡油路进入变速机构，使高挡离合器或制动器接合，自动变速器挂上高挡。从上述分析可以看出，换挡阀的移动，主要取决于换挡阀左右侧节气门油压和速控油压的油压差，阀芯移动，将使不同的离合器、制动器接合，从而使变速机构输出不同的挡位。

综上所述，液压控制系统的总的工作过程如下所示。

(1)油泵产生工作压力，分别到节流阀、调速阀和手动控制阀。

(2)手动控制阀的位置由驾驶员选定。手动控制阀一般有五个位置，如图 2-3-22、图 2-3-23、图 2-3-24、图 2-3-25、图 2-3-26、图 2-3-27 所示。

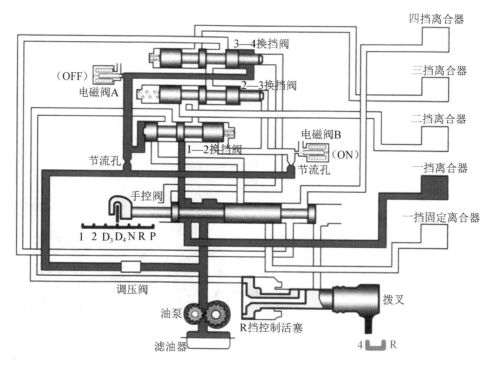

图 2-3-22　一挡油路

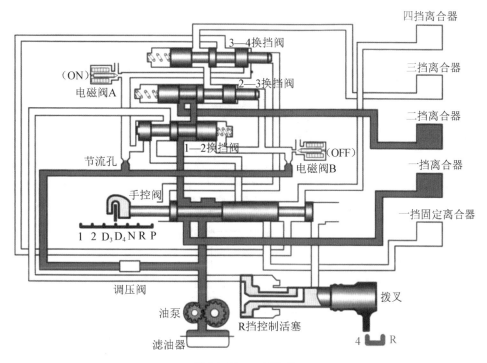

图 2-3-23　二挡油路

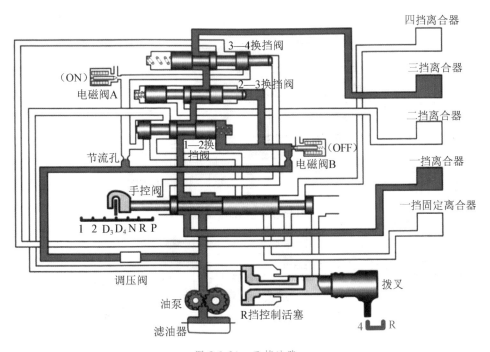

图 2-3-24　三挡油路

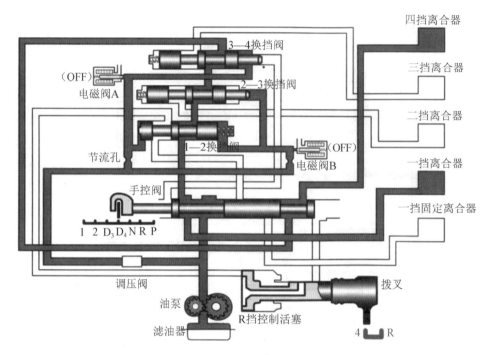

图 2-3-25　四挡油路

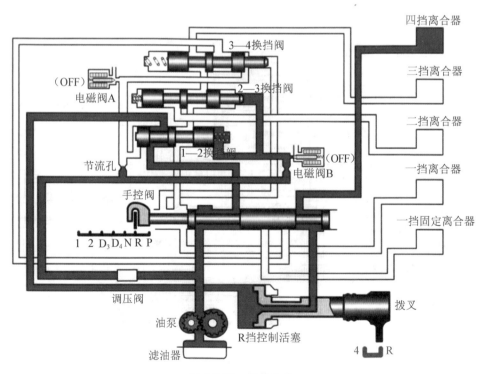

图 2-3-26　倒挡油路

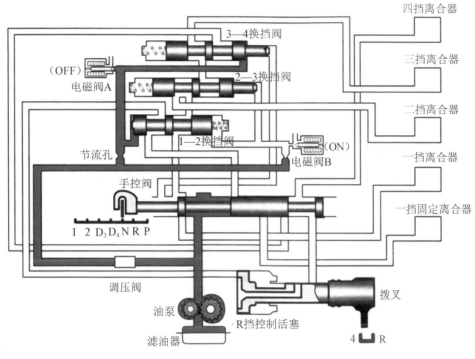

图 2-3-27 空挡油路

5. 电子控制系统

传感器将发动机节气门位置、汽车行驶速度和各种影响发动机、变速器工作的参量转换为电信号，送到电子控制系统中。电子控制系统经过计算机对输入信号进行处理，与计算机内储存的数据进行比较，发出正确的操作指令控制液压系统中的电磁阀动作，调节换挡液压回路的液体压力，控制离合器和制动器的动作，实现对换挡时机的精确控制。

五、 自动变速器单级行星齿轮传动机构的工作过程

在单排行星齿轮机构中的三个基本元件(太阳轮、齿圈和行星架)中任选两个，分别作为主动件和从动件，而使另一个固定不动或转速为某一定值时，整个轮系即以一定的传动比传递动力。

1. 行星架固定

行星架固定时，有两种工作过程，见表 2-3-2 和图 2-3-28、图 2-3-29。

表 2-3-2　行星架固定

固定	输入	输出	变速	i	方向
行星架	太阳轮	齿圈	降速	>1	反向
	齿圈	太阳轮	升速	<1	反向

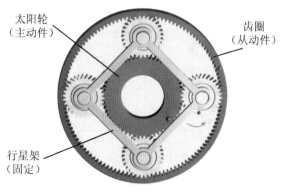

图 2-3-28　行星架固定(太阳轮主动)

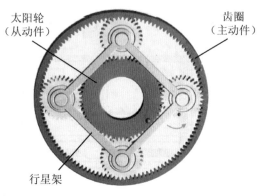

图 2-3-29　行星架固定(齿圈主动)

2. 太阳轮固定

太阳轮固定时，有两种工作过程，见表 2-3-3 和图 2-3-30、图 2-3-31。

表 2-3-3　太阳轮固定

固定	输入	输出	变速	i	方向
太阳轮	齿圈	行星架	降速	>1	同向
	行星架	齿圈	升速	<1	同向

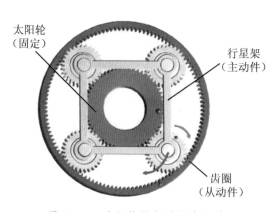

图 2-3-30　太阳轮固定(行星架主动)

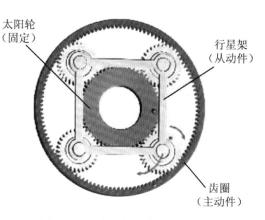

图 2-3-31　太阳轮固定(齿圈主动)

3. 齿圈固定

齿圈固定时，有两种工作过程，见表 2-3-4 和图 2-3-32、图 2-3-33。

表 2-3-4　齿圈固定

固定	输入	输出	变速	i	方向
齿圈	太阳轮	行星架	降速	>1	同向
	行星架	太阳轮	升速	<1	同向

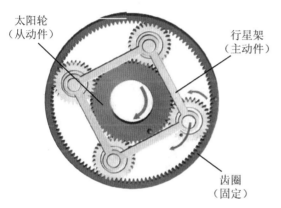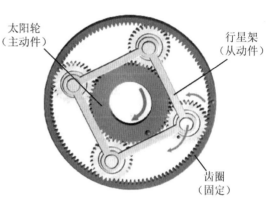

图 2-3-32　齿圈固定(行星架主动)　　图 2-3-33　齿圈固定(太阳轮主动)

三元件中任意两个元件固定，直接传动，$i=1$。三元件自由转动，不传递动力。

六、 自动变速器的挡位

1. 自动变速器挡位的功能

自动变速器的挡位因车型的不同而稍有差别，其中主要挡位的含义及功能说明见表 2-3-5。

表 2-3-5　自动变速器的主要挡位的含义及功能

挡位	含义	功能
P	驻车挡	在驻车或起动发动机时使用
R	倒车挡	在倒车时选用
N	空挡	发动机起动时选用
D	前进挡	汽车在一般工况下正常行驶时选用
2	只能在一、二挡之间切换	当需要瞬间加速或轻度发动机制动时选用
L	只在一挡内工作	在上陡坡时选用，以获得较大的驱动力

2. 自动变速器的正确选用

(1)起动。

自动变速器汽车必须严格按照规定的操作方法进行起动，以免发生意外。

注意事项：

①起动前，必须将驻车制动器操纵杆拉紧，必须将选挡杆置于 P 位或 N 位，否则发动机无法起动。必须将制动踏板踩下，然后转动点火开关起动发动机，准备起步。

②汽车行驶途中熄火时，必须等汽车停稳后将选挡杆置于 P 位或 N 位，才可起动。为了防止将选挡杆拨到 R 位，突然倒车，最好在熄火时选用 N 位起动，这样比较安全。但是此时必须确认一下踩住的是制动踏板而不是油门，这样就不会发生瞬间起步现象。

(2)起步。

起动前要踩住制动踏板，前行时选挡杆由 P 位或 N 位换入 D 位；倒车时则由 P 位换入 R 位。与此同时，确认仪表板上挡位指示灯是否正确。起步时，需要慢慢松开制动踏板，以利于汽车蠕动缓慢起步。

注意事项：

①踩住制动踏板后再换挡，并确认选挡杆的位置是否正确。

②起步时发动机转速不要过高，尤其在冬季，这会导致强烈的蠕动和冲击，造成急速起步。

③在起步越过凸起或台阶时，在汽车静止时，左脚稍放松，右脚稍踩下加速踏板，待越过时立即抬起右脚并同时轻踩下制动踏板，以防车辆晃动。

(3)超车。

超车时需要将加速踏板迅速踩到底。此时自动变速器会降低一个或两个挡位，来获得加速效果，此时应该立即稍松开一些加速踏板。

(4)上下坡。

如果坡度不是很陡，挡位置于 D 位就可以了；如果坡度较陡，则必须将选挡杆从 D 位移到 2 位或 L 位。

(5)雪天或雪地行驶。

此时不能急加速、急降挡，以防车辆产生滑移现象，保持低速稳速行驶。当前方有坑时需提前更换好挡位。有模式选择的车辆，应选择冬季模式或雪地模式。

(6)拖车。

如果是发动机或变速器发生故障不能行驶时，需要使用其他车辆进行拖带。若是后轮驱动的汽车，建议将传动轴拆除；若是前轮驱动的汽车，建议将两个前驱动轮架起，以免对发动机或变速器造成损坏。一般拖车时的行驶里程最远不超过 80 km，最高行驶车速不超过 30 km/h。

(7)临时停车。

应根据不同情况采取不同的操作方法。

注意事项：

①等待交通时间比较短且选挡杆在 D 位时，只用脚制动停车即可。

②等待交通时间比较长且选挡杆在 D 位时，最好同时使用脚制动和手制动，以免汽车向前冲发生意外。

③临时停车较长时，必须拉起驻车制动器操纵杆并将选挡杆置于 N 位，同时放松脚制动。

(8)停放和倒车入库。

此时是很容易发生意外的交通事故的。因为此时需要对选挡杆和加速踏板进行重复操作，从而导致误操作机会增多。

注意事项：

①倒车入库时，要在车辆完全停止后才能将选挡杆移到 R 位。

②利用自动变速器汽车的蠕动特性，不踩加速踏板而用脚制动来控制车辆缓慢移动，同时操纵转向盘将汽车倒进车库。

特别注意事项：

①在行车中，只可将选挡杆从低位向高位推，直到 D 位，严禁从高位向低位拉。

②在行车中，严禁使用空挡滑行，这会造成变速器执行元件润滑不良，甚至严重损坏等后果。

③当变速器出现异常时或故障指示灯点亮时，请立即停止使用，进行检修。

3. 自动变速器操纵手柄的操作

操纵手柄只改变自动变速器的阀板总成中手动阀的位置，而自动变速器本身的挡位则是由换挡执行机构的动作决定的。它除了由手动阀的位置决定外，还受汽车的车速、节气门开度等因素影响。要正确操作自动变速器，首先应当了解自动变速器操纵手柄各个挡位的含义。

(1)停车挡(P 位)。

停车挡通常位于操纵手柄的最前方。当操纵手柄位于该位置时，自动变速器中的停车锁止机构将变速器输出轴锁止，使驱动轮不能转动，防止汽车移动；同时换挡执行机构使自动变速器处于空挡状态。当操纵手柄离开停车挡位置时，停车锁止机构即被释放。

(2)空挡(N 位)。

空挡通常位于操纵手柄的中间位置，在倒车挡和前进挡之间。当操纵手柄位于空挡位置时，换挡执行机构的动作和停车挡相同，也是使自动变速器处于空挡状态，此时，发动机的动力虽经输入轴传入自动变速器,但只能使各齿轮空转,输出轴无动力输出。

(3)前进挡(D位)。

前进挡位于空挡之后。大部分轿车自动变速器在操纵手柄位于前进挡位置时可以实现4个不同传动比的挡位,即一挡、二挡、三挡和超速挡。其中,一挡传动比最大;二挡次之;三挡为直接挡,传动比为1;超速挡的传动比小于1。在汽车行驶过程中,如果操纵手柄位于前进挡位置,则自动变速器的液压或电子控制系统能根据车速、节气门开度等因素的变化,按照设定的换挡规律,自动变换挡位。

(4)前进低挡(S位和L位)。

前进低挡通常有两个位置:S位和L位。当操纵手柄位于这两个位置时,自动变速器的控制系统将限制前进挡的变化范围。当操纵手柄位于S位时,自动变速器只能在一挡、二挡、三挡之间自动变换挡位;当操纵手柄位于L位时,自动变速器固定在一挡或只能在一挡、二挡之间自动变换挡位。有些车则将S位标为2位,L位标为1位,其含义是相同的。

有的标"2"(一至二挡)和"L"(一挡),具体如图2-3-34所示。

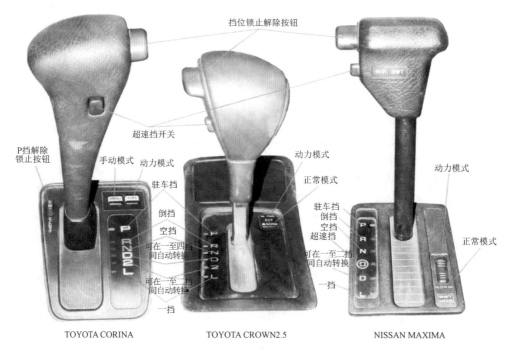

图 2-3-34　自动变速器操纵手柄

4. 自动变速器的操纵注意事项

(1)停车时不得来回划动操纵杆,特别要禁止在行驶中将变速杆拨入N位或在下坡时用空挡滑行。

（2）挂挡后，不得猛踩油门。

（3）汽车没有停稳，不得从前进挡挂倒挡，或从倒挡挂前进挡。

（4）汽车停稳后，才可把操纵杆拨向 P 位，否则会损坏锁止机构。

（5）正确运用锁止按钮：

由 P 位到任何挡位，或由任何挡位到 P 位，必须按下锁止按钮。由任何挡位到 R 位，都必须按下锁止按钮。

（6）要严格按照标准调整好发动机的怠速。

（7）必须用规定品牌的液力传动油，并经常按规范进行检查和更换。

→ 任务实施

1. 任务名称

自动变速器油液的检查与更换。

2. 任务准备

（1）工作场景：现实一体化教室。

（2）主要设备：教学用车。

（3）辅助设备：车内三件套、翼子板布、前格栅布、挡块、垫块、抹布、万用表、世达工具、油盆、自动变速器油。

3. 实施步骤

任务的实施步骤见表 2-3-6。

表 2-3-6 实施步骤

作业内容	图解	技术规范
1. 车辆的基本防护		**技术要求** 1. 车辆位于举升机位的正常举升初始位置。 2. 安装车轮挡块。 3. 拉紧驻车制动器。 4. 安装三件套。

作业内容	图解	技术规范
2. 举升和顶起车辆		**技术要求** 1. 举升车辆时，将车轮举升至离地面合适的位置。 2. 如果支撑垫块位置摆放不到位，则易出现车辆倾斜，有侧翻的危险。 3. 举升机用完后要锁死。 4. 如果支撑垫块位置摆放不正确，则易将车辆底壳顶得变形。
3. 拆下放油螺塞		**技术要求** 1. 放油螺栓规格为 1/8″－27 NPTF。 2. 将放油螺栓旋松即可。 3. 拆卸放油螺栓时一定要选用合适的工具。
4. 将变速器油排入合适的容器中		**技术要求** 1. 用手旋出变速器放油螺栓，放到工作台上。 2. 严禁戴手套进行放油螺栓的拆装作业。 3. 如果手上沾上油应及时清洗。 4. 用手旋出放油螺栓时要小心机油的喷溅。 5. 注意放油螺栓方向，避免旋错。
5. 安装放油螺塞		**技术要求** 1. 螺栓紧固至 12 N·m。 2. 先带紧，后上扭力。 3. 勿用棘轮扳手紧固螺栓。

作业内容	图解	技术规范
6. 降下车辆		**技术要求** 1. 按住举升机控制柜上的"下降"按钮。 2. 将车辆下降到相应的高度或完全降下后锁止。 3. 在车辆下降的过程中，不允许在车辆下部或车辆周围进行任何其他作业。 4. 完全降下举升机时举升机板条位要降到最低位置，使车轮完全着地。
7. 用合适的工具加注变速器油液		**技术要求** 1. 用合适的工具将油液从加注口倒入变速器内。 2. 油液更换—放油螺塞—容量近似值 4.0～6.0 L。 3. 加注的油液型号、用量一定要按照维修手册。 4. 工具要选用适当。
8. 安装油液加注口盖		**技术要求** 1. 用手将油液加注口盖旋紧。 2. 注意加注口盖的旋向。
9. 起动发动机		**技术要求** 1. 踩离合器时，一定要踩到底。 2. 起动发动机时，若一次没起动成功，等5秒钟后可再次起动，切勿连续起动。 3. 手刹手柄一定要放到位，勿出现半刹状态。 4. 起动车辆前一定要踩住刹车踏板。 5. 起动发动机的时间不宜过长。

作业内容	图解	技术规范
10. 踩下制动踏板并将换挡杆挂到每个挡位		**技术要求** 1. 踩下制动踏板并将换挡杆挂到每个挡位，且在每个挡位停顿 3 秒钟。然后将换挡杆挂回驻车挡(P)。 2. 使发动机以 500～800 转/分的速度急速运行至少 3 分钟，从而使油液泡沫消散、油位稳定。 3. 松开制动踏板。
11. 观察变速器油温度		**技术要求** 1. 变速器油温度（TFT）为 5～95 ℃时，必须检查变速器油位。 2. 如果在变速器油温度不在上述温度时设置油位，会导致变速器油加注不足或加注过量。变速器油温度为 95 ℃时可能加注不足，85 ℃时可能加注过量。
12. 用举升机举升车辆		**技术要求** 1. 举升车辆时，将车轮举升至离地面合适的位置。 2. 支撑垫块位置摆放不到位时，易出现车辆倾斜，有侧翻的危险。 3. 举升机用完后要锁死。 4. 支撑垫块位置摆放不正确时，易将车辆底壳顶得变形。
13. 拆下油位螺栓		**技术要求** 1. 车辆急速运行时，拆下油位螺栓。 2. 油位螺栓规格 1/8″—27 NPTF。 3. 拆卸油位螺栓一定要选用合适的工具。

续表

作业内容	图解	技术规范
14. 检查油液量及颜色		**技术要求** 1. 如果油液稳定地流出，则等待，直到油液开始滴落。 2. 如果没有油液流出，则添加油液直到有油液滴落。 3. 油液应为红色或深棕色： (1)如果油液颜色很深或发黑还有烧焦味，则检查油液中是否有过多的金属微粒或其他碎屑； (2)如果在油液中发现大片物质和/或金属微粒，则冲洗油液冷却器和冷却器管路，然后彻底检修变速器； (3)若油液呈现出絮状或乳液状或看起来像是被水污染，则表示发动机冷却液或冷却水污染。
15. 安装油位螺塞并检查是否有泄漏		**技术要求** 1. 螺栓紧固至 12 N·m。 2. 先带紧，后上扭力。 3. 检查有无油液渗漏。 4. 勿用棘轮扳手紧固螺栓。
16.5S 工作		**技术要求** 1. 收起翼子板布、前格栅布，放到规定位置，盖上发动机舱盖。 2. 收起三件套，丢弃至指定垃圾箱中。 3. 拔出钥匙，锁好车门，钥匙放回指定位置。 4. 清洁车辆、地面及工具。 5. 树立绿色生产、敬业奉献的理念。

→ 拓展知识

为了加快建设制造强国、质量强国、航天强国、交通强国、网络强国、数字中国,需要增进对最新汽车技术知识的了解,DSG直接换挡变速器就是其中之一。直接换挡变速器(Direct Shift Gearbox,DSG)是先进的、具有革命性的变速器系统。DSG可以手动换挡也可以自动换挡,它比传统的自动变速器易于控制,也能传递更多功率,且又比手动变速器反应更快。DSG是由连续手动挡变速器(Sequential Manual Transmission,SMT)发展而来的。从本质上来说,SMT是一款全自动电控离合的手动变速器。

SMT的优点在于它采用固力连接而非传统的自动、手自一体变速器所采用的液力连接(液力变矩)。当作为手动变速器时,SMT使发动机和传动系统直接相连,从而保证动力百分之百的传递到车轮上。SMT以其更快的响应来保证在驾驶员松开油门踏板的瞬间发动机转速不会像自动变速器那样马上掉下来,从而实现更精确的动力控制。

SMT还可以进行降挡转速匹配。当驾驶员降挡时,SMT自动摘掉离合进入空挡,随后松开离合。这个过程中,SMT会根据当前的车速计算低挡时的发动机转速,将发动机调整到相应的转速。然后,离合再次摘掉,换入低挡后离合器咬合,降挡换挡成功。整个换挡过程平滑顺和,没有猛推和突然加速的现象。

DSG变速器结构如图2-3-35所示。离合器1负责一挡、三挡、五挡和倒挡,离合器2负责二挡、四挡和六挡;挂上奇数挡时,离合器1接合,输入轴1工作,离合器2分离,输入轴2不工作,即在DSG变速器的工作过程中总是有两个挡位是接合的,一个在工作,另一个则为下一步做好准备。手动模式下可以进行跳跃降挡:如果起始挡位和最终挡位是由同一个离合器控制的,则会通过另一个离合器控制的挡位转换一下,如果起始挡位和最终挡位不是由同一个离合器控制的,则可以直接跳跃降至所定挡位。

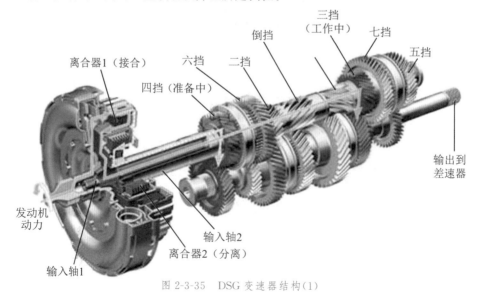

图2-3-35 DSG变速器结构(1)

DSG 除了拥有手动变速箱的灵活及自动变速箱的舒适外，它还能提供无间断的动力输出，这完全有别于两台自动控制的离合器。DSG 基本由几个大项组成：两个基本 3 轴的 6 前速机械波箱、一个内含两套多瓣式离合片的电子液压离合器机构、一套波箱 ECU。不同于普通的双轴波箱，或者单输入轴系统，DSG 波箱除了具有双离合器外，更具备同轴的双输入轴系统，而且将 6 个前进挡分别置于两边各自的从动轴上。传统的手动变速箱使用一台离合器，当换挡时驾驶员须踩下离合器踏板，令不同挡的齿轮做出啮合动作，而动力就在换挡期间出现间断，令输出表现有所断续。DSG 则可以想象为将两台手动变速箱的功能合二为一，并建立在单一的系统内。DSG 内含两个自动控制的离合器，由电子控制及液压推动，能同时控制两组离合器的运作。当变速箱运作时，一组齿轮被啮合，而接近换挡之时，下一组挡段的齿轮已被预选，但离合器仍处于分离状态；当换挡时一个离合器将使用中的齿轮分离，同时另一个离合器啮合已被预选的齿轮，在整个换挡期间能确保最少有一组齿轮在输出动力，令动力不出现间断的状况。要配合以上运作，DSG 的传动轴被分为两条，一条是放于内里实心的传动轴，而另一条则是在外面套着的空心传动轴；内里实心的传动轴连接了一、三、五挡及后挡，而外面空心的传动轴则连接二、四、六挡，两个离合器各自负责一条传动轴的啮合动作，如图 2-3-36 所示。

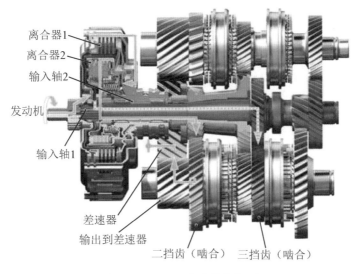

图 2-3-36　DSG 变速器结构(2)

由于使用 2 个离合器并且在换挡之前下一挡位已被预选啮合，因此 DSG 的换挡速度非常快，只需不到 0.2 秒的时间，下一挡已经进去了，比技术最好的专业车手的手动变速还快。顿挫或推拉，仅从转速表上就可以了解到挡位在变动。并且油门踩到底时，DSG 变速箱不进行换挡操作，一直到6 000转才进行换挡，这也提供了更高的驾驶安全性和乐趣。此外，DSG还有多种驾驶模式，如运动模式，在电子程序的帮助下该模式的加挡明显迟缓而减挡则有了很大的改进，换挡时间也调得更短。有些车型，驾驶员还可以通过拨动换挡杆或利用转向盘上拨片随时切换自动模式或者手动模式，提供富有动感激情的驾驶方式。转向盘两边的换挡拨片能使驾驶员在不触动换挡杆的情况下随意进行加挡或减挡的操作。在复杂的驾驶环境下，如高速弯道时，手动换挡往往显得非常有必要，在DSG的帮助下，驾驶员在换挡的过程中还能体验到油门自动增加的特殊乐趣。

任务 4　万向传动装置的检修

任务目标

1. 能描述万向传动装置的作用与组成。
2. 会区分万向节的类型和应用特点。
3. 能描述几种万向节的结构及特点。
4. 会进行传动轴的更换。
5. 能注重安全生产规范，树立绿色生产理念。

必备知识

一、万向传动装置的作用与组成

1. 作用

在发动机前置后轮驱动的汽车上，变速器常与发动机、离合器连在一起支承在车架上，而驱动桥则通过弹性悬架与车架连接，变速器输出轴轴线与驱动桥输入轴轴线很难布置重合，并且在行驶过程中，弹性悬架受路面冲击产生振动，使两轴相对位置经常发生变化。当汽车行驶时，车轮的跳动会造成驱动桥与变速器的相对位置不断变化，故变速器的输出轴与驱动桥的输入轴不可能刚性连接，必须安装万向传动装置。越野汽车的前轮既是转向轮又是驱动轮。转向轮要求在转向时可以在规定范围内偏转一定角度；驱动轮则要求半轴在车轮偏转过程中不间断地把动力从差速器传到车轮。

万向传动装置的作用是在轴间夹角及相互位置经常发生变化的转轴之间传递动力。

2. 组成

万向传动装置主要由万向节、传动轴和中间支承组成。安装时必须使传动轴两端的万向节叉处于同一平面，如图 2-4-1 所示。

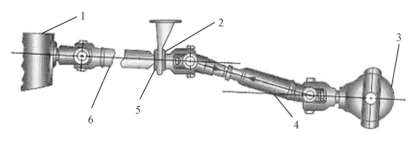

图 2-4-1

1. 变速器　2. 中间支承　3. 后驱动桥　4. 后传动轴　5. 球轴承　6. 前传动轴

二、 万向传动装置在汽车上的应用

万向传动装置在汽车上的应用见表 2-4-1。

表 2-4-1　万向传动装置在汽车上的应用

安装位置	示意图	作用
变速器和驱动桥之间		消除变速器与驱动桥之间的相对运动带来的不利影响。在变速器和驱动桥的距离较远时，将传动轴分成两段，并加中间支承，可避免系统的共振、提高传动轴的临界转速和工作可靠性。
变速器和分动器之间		在变速器与分动器分开安装的场合，二者之间存在因制造、安装误差和车架变形引起的不利影响，因此采用万向传动装置来消除此影响。多轴汽车如果采用非贯通式布置方案，其后桥传动轴需要加中间支承。
转向驱动桥中的主减速器与转向车轮之间		在转向驱动桥中需要该桥既能满足车轮转向又能不间断驱动力传递，因此在车轴靠近车轮处需要采用万向传动装置。采用独立悬架时，需要在靠近主减速器处加万向传动装置满足左右半轴的跳动条件。

续表

安装位置	示意图	作用
动力输出装置和转向系统中	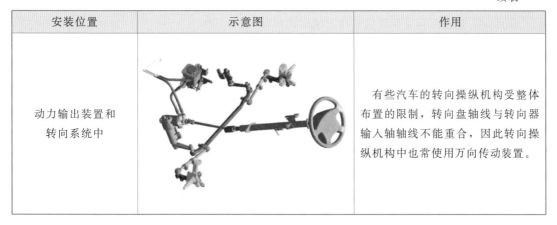	有些汽车的转向操纵机构受整体布置的限制，转向盘轴线与转向器输入轴轴线不能重合，因此转向操纵机构中也常使用万向传动装置。

三、万向节的类型和应用特点

万向节是转轴与转轴之间实现变角度传递动力的基本部件。按其在扭转方向上是否有明显的弹性，可分为刚性万向节和挠性万向节，汽车上应用较多的是刚性万向节。

1. 刚性万向节

刚性万向节在扭转方向上没有弹性，动力靠零件的铰链式连接传递，包括不等速万向节(如十字轴式万向节)、准等速万向节(如双联式和三销轴式等)和等速万向节(如球叉式和球笼式等)。

(1)不等速万向节。

十字轴式刚性万向节是汽车上广泛使用的不等速万向节，允许相邻两轴的最大交角为15°～20°，它是目前汽车传动系统中应用最广泛的一种万向节(表 2-4-2)。

表 2-4-2　十字轴式刚性万向节

名称	示意图	特点
十字轴式刚性万向节	十字轴　传动轴叉　卡环　轴承　万向节叉	结构简单、工作可靠，且允许所连接的两轴之间有较大交角，在汽车上应用最为普遍。

（2）准等速万向节。

常见的准等速万向节有双联式和三销轴式两种（表 2-4-3）。

表 2-4-3　准等速万向节

名称	示意图	特点
双联式万向节		两个十字轴式万向节相连，中间传动轴长度缩减至最小。 允许有较大的轴间夹角，轴承密封性好、效率高、制造工艺简单、加工方便、工作可靠等。多用于越野汽车中。
三销轴式万向节		允许相邻两轴间有较大的夹角，可提高机动性，但所占空间较大，用于一些越野车的转向驱动桥中。

（3）等速万向节。

等速万向节多用于前驱动桥和断开式驱动桥的半轴上。常用的等速万向节有球叉式的（表 2-4-4）、球笼式的和三叉式的。

表 2-4-4　球叉式万向节

名称	示意图	特点
球叉式万向节		• 从结构上实现了两轴的转速相等； • 最大转角 $32°\sim35°$，适合转向驱动桥； • 寿命短，钢球与凹槽的磨损快； • 采用压力装配的球叉式等速万向节拆卸不便。

球笼式等速万向节按主、从动叉在传递转矩的过程中是否产生轴向位移分，可分为固定型球笼式万向节（RF 节）和伸缩型球笼式万向节（VL 节），见表 2-4-5。

表 2-4-5　球笼式等速万向节

名称	示意图		特点	应用
固定型球笼式万向节（RF 节）	主动轴　钢带箍　外罩　钢带箍　卡环　星形套(内滚道)　保持架(球笼)　保持架(球笼)　星形套(内滚道)　球形壳(外滚道)　钢球　钢球　球形壳(外滚道)		在传递转矩的过程中，主、从动轴之间只能相对转动，不会产生轴向位移。	固定型球笼式万向节和伸缩型球笼式万向节广泛应用于采用独立悬架的轿车转向驱动桥中，其中固定型球笼式万向节靠近车轮处，伸缩型球笼式万向节靠近驱动桥处。
伸缩型球笼式万向节（VL 节）	筒形壳(外滚道)　保持架(球笼)　星形套(内滚道)　主动轴　钢球		在传递转矩的过程中，主、从动轴之间不仅能相对转动，而且可以产生轴向位移。	

球笼式等速万向节在转向驱动桥中的布置如图 2-4-2 所示。

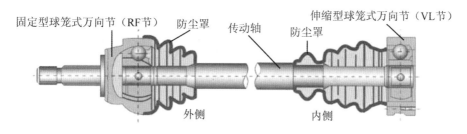

图 2-4-2　RF 节与 VL 节在转向驱动桥中的布置

2. 挠性万向节

挠性万向节在扭转方向上有一定弹性，动力靠弹性零件传递，且有缓冲减振作用。在早期的汽车中，汽车工程师总把注意力集中在开发在汽车使用期内无须做任何润滑保养的万向节上，这就导致各类挠性万向节的出现。挠性万向节早期的材料为金属或皮革，圆盘状，如今多改用橡胶材料。

挠性万向节是由橡胶件将主、被动轴叉交错连接而成的，依靠橡胶件的弹性变形，能够实现转动轴线的小角度(3°~5°)偏转和微小轴向位移，吸收传动系统中的冲击载荷和衰减扭转振动，具有结构简单、无须润滑等优点(表2-4-6)。

表 2-4-6 挠性万向节

名称	示意图	特点
挠性万向节	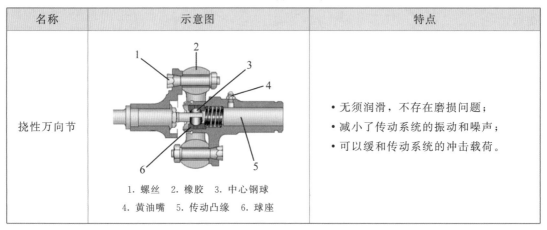 1. 螺丝 2. 橡胶 3. 中心钢球 4. 黄油嘴 5. 传动凸缘 6. 球座	• 无须润滑，不存在磨损问题； • 减小了传动系统的振动和噪声； • 可以缓和传动系统的冲击载荷。

四、传动轴

传动轴是万向传动装置中的主要传力部件，通常用来连接变速器(或分动器)和驱动桥，在转向驱动桥和断开式驱动桥中，则用来连接差速器和驱动车轮，如图2-4-3所示。

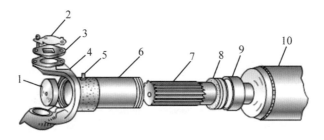

图 2-4-3 带中间支承的前传动轴

1. 盖子 2. 盖板 3. 盖垫 4. 万向节叉 5. 加油嘴

6. 伸缩套 7. 滑动花键槽 8. 油封 9. 油封盖 10. 传动轴管

传动轴有实心轴和空心轴之分，转向驱动桥、断开式驱动桥和微型汽车的传动轴通常会被制成实心轴。为了减轻传动轴的质量，节省材料，提高轴的强度、刚度，传动轴多为空心轴，一般用厚度为1.5~3.0 mm的薄钢板卷焊而成，超重型货车则直接采用无缝钢管。

五、 中间支承

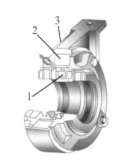

图 2-4-4 中间支承结构
1. 滚球轴承 2. 中间轴承缓冲垫
3. 支承座

传动轴分段时需加中间支承，中间支承通常装在车架横梁上，能补偿传动轴轴向和角度方向的安装误差，以及汽车行驶过程中因发动机窜动或车架变形等引起的位移。图 2-4-4 所示为一种中间支承结构，它实际上是一个通过支承座和缓冲垫安装在车身(或车架)上的轴承，用来支承传动轴的一端。橡胶缓冲垫可以补偿车身(或车架)变形和发动机振动对传动轴位置的影响。

→ **任务实施**

1. 任务名称

传动轴的更换。

2. 任务准备

(1)工作场景：理实一体化教室。

(2)主要设备：教学用车、举升机、工具车、手电筒。

(3)辅助设备：三件套、抹布、手套、白板、卡片纸、双面胶等。

3. 实施步骤

任务的实施步骤见表 2-4-7。

表 2-4-7 实施步骤

作业内容	图解	技术规范
1. 举升并妥善支撑车辆		**技术要求** 1. 车辆位于举升机位的正常举升初始位置。 2. 安装车轮挡块。 3. 拉紧驻车制动器。 4. 安装三件套。

续表

作业内容	图解	技术规范
2. 拆下轮胎和车轮总成		**技术要求** 按要求规范拆下轮胎和车轮总成。
3. 临时固定制动盘		**技术要求** 安装两个带耳螺母至车轮双头螺栓上固定制动盘,并紧固至规定扭矩150 N·m。
4. 拆卸车轮驱动轴螺母		**技术要求** 1. 在车轮驱动轴上做好装配标记。 2. 先用指针式扭力扳手对车轮驱动轴螺母卸力。 3. 再用快速扳手拧下车轮驱动轴螺母。
5. 拆卸左前轮速度传感器螺栓	 速度传感器螺栓	**技术要求** 选用合适的扳手拆卸左前轮速度传感器螺栓。

续表

作业内容	图解	技术规范
6. 拆卸转向传动机构外转向横拉杆螺母	 外转向横拉杆螺母	技术要求 1. 先用指针式扭力扳手对转向传动机构外转向横拉杆螺母卸力。 2. 再用快速扳手拧下转向传动机构外转向横拉杆螺母。
7. 将球节从转向节上拆下		技术要求 使用 CH-49455 球节拆卸工具将转向传动机构外转向横拉杆从转向节上分离。
8. 拆卸下球节螺栓	 下球节螺栓 螺栓螺母	技术要求 1. 选用合适的梅花扳手和开口扳手。 2. 开口扳手固定下球节螺栓，梅花扳手将螺栓螺母逆时针拧松。
9. 分离车轮驱动轴与转向节	 转向节 车轮驱动轴	技术要求 1. 两人相互配合操作，佩戴纱线手套。 2. 一人将转向节整体向外向上拉，另一人将车轮驱动轴分离。

续表

作业内容	图解	技术规范
10. 拆卸车轮驱动轴		**技术要求** 1. 在差速器正下方放置塑料桶收集变速驱动桥油。 2. 使用滑锤和半轴拆卸工具将车轮驱动轴从车辆上拆下。 **注意事项** 废旧的变速器驱动桥油必须进行专业回收，切勿随地排放污染环境，否则会对环境造成严重危害。
11. 更换新的前轮驱动轴卡环	 驱动轴卡环	**技术要求** 更换时切勿使新的驱动轴卡环变形或损坏。
12. 将车轮驱动轴安装到差速器内		**技术要求** 1. 小心地将车轮驱动轴安装到差速器上直至卡环完全就位，抓住内壳并往外拉，确认前轮驱动轴卡环正确就位。 2. 用抹布擦拭外部遗留下的变速驱动桥油。
13. 将前轮驱动轴安装至转向节		**技术要求** 1. 两人相互配合操作，佩戴纱线手套。 2. 一人将整个转向节向外向上拉，另一人将车轮驱动轴安装至转向节。

续表

作业内容	图解	技术规范
14. 将外转向横拉杆总成安装至转向节,并紧固外转向横拉杆螺母		**技术要求** 安装外转向横拉杆螺母,拧紧力矩为 35 N·m。
15. 安装下球节螺栓		**技术要求** 1. 选用合适的梅花扳手和预置式扭力扳手。 2. 梅花扳手固定下球节螺栓,预置式扭力扳手将紧固螺栓螺母顺时针拧紧,拧紧力矩为 30 N·m。
16. 安装左前轮速度传感器螺栓		**技术要求** 紧固左前轮速度传感器螺栓,拧紧力矩为 9 N·m。
17. 安装新的车轮驱动轴螺母		**技术要求** 1. 安装新的车轮驱动轴螺母至车轮驱动轴,且分三遍紧固至 150 N·m。 2. 将车轮驱动轴螺母松开 45°。 3. 将车轮驱动轴螺母重新紧固至 250 N·m。 4. 对照车轮驱动轴螺母上的装配标记。

续表

作业内容	图解	技术规范
18. 拆卸车轮螺母		**技术要求** 1. 先用指针式扭力扳手对车轮螺母卸力。 2. 再用快速扳手拧下车轮螺母。
19. 安装轮胎和车轮总成并降下车辆		**技术要求** 按要求规范安装轮胎和车轮总成。
20. 检查变速驱动桥油位	 油液加注口	**技术要求** 1. 在发动机关闭的情况下预加注变速器油。 2. 在发动机运行且变速器油温度为70～80℃的条件下进行变速器油位的校正检查。
21.5S 工作		**技术要求** 1. 收起翼子板布、前格栅布，放到规定位置，盖上发动机舱盖。 2. 收起三件套，丢弃至指定垃圾箱中。 3. 拔出钥匙，锁好车门，钥匙放回指定位置。 4. 清洁车辆、地面及工具。

M任务 5　驱动桥的检修

MISSION 5

任　务　目　标

1. 能描述驱动桥的作用、组成及类型。

2. 能描述主减速器和差速器的作用、类型。

3. 能阐述主减速器的工作原理。

4. 能描述半轴与桥壳的作用、类型。

5. 会进行主减速器间隙调整。

→ 必备知识

一、驱动桥的作用、组成及类型

1. 作用

(1)将万向传动装置传来的动力经降速增扭后传给驱动轮。

(2)改变动力传递方向。

(3)允许左右驱动轮以不同转速旋转(差速作用)。

2. 组成

驱动桥是传动系统的最后一个总成，如图 2-5-1 所示，一般由主减速器、差速器、半轴和桥壳等组成。其中，主减速器和差速器是其主要部件。

桥壳：主减速器、差速器等传动装置的安装基础。

主减速器：降低转速、增加扭矩、改变扭矩的传递方向。

差速器：使两侧车轮不等速旋转，以适应转向和不同路面。

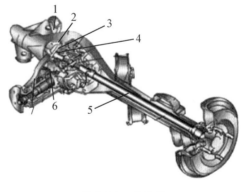

图 2-5-1　驱动桥

1. 后桥壳　2. 差速器壳　3. 差速器行星齿轮

4. 差速器半轴齿轮　5. 半轴　6. 主减速器

从动齿轮齿圈　7. 主减速器主动小齿轮

半轴：将扭矩从差速器传给车轮。

3. 类型

按结构不同分，驱动桥可分为整体式驱动桥和断开式驱动桥两种。

(1)整体式驱动桥。

整体式驱动桥(图 2-5-1)采用非独立悬架。其驱动桥壳为一个刚性的整体，驱动桥两端通过悬架与车架连接，左右半轴始终在一条直线上，即左右驱动轮不能相互独立跳动。当某一侧车轮因地面升高或下降时，整个驱动桥及车身都要随之发生倾斜。为提高车辆行驶的平顺性和通过性，轿车和越野车采用独立悬架的断开式驱动桥。

(2)断开式驱动桥。

断开式驱动桥如图 2-5-2 所示，采用独立悬架。其主减速器固定在车架上，驱动桥壳分段制成并用铰链连接，半轴也分段并用万向节连接。驱动器两端分别用悬架与车架连接，两侧的驱动轮及桥壳可以彼此独立地相对于车架上下跳动。

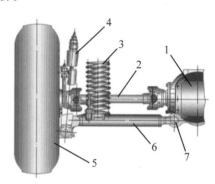

图 2-5-2 驱动桥

1. 主减速器 2. 半轴 3. 弹性元件
4. 减振器 5. 车轮 6. 摆臂 7. 摆臂轴

发动机前置前轮驱动轿车的驱动桥，将变速器、主减速器和差速器安装在一个三件组合的外壳(常称为变速器壳)内。这样传动系统的体积有效地减少，由于取消了贯穿前后的传动轴，简化了结构，使轿车自重减轻。而且动力直接传给前轮，提高了传动效率。

二、 主减速器的作用与类型

1. 作用

(1)将万向传动装置传来的发动机转矩传给差速器。

(2)在动力的传动过程中将转矩增大，将转速降低。

(3)对于纵置发动机，还要将转矩方向改变 $90°$。

2. 类型

主减速器的类型见表 2-5-1。

表 2-5-1 主减速器的类型

分类		特点
按齿轮副数目分	单级式主减速器	通常由一对螺旋锥齿轮或一对准双曲面齿轮组成，其主减速比为 3.5～6.5，结构简单、质量轻、体积小、传动效率高，在轿车和中、轻型货车上应用最多，如 BJ2020、EQ1090E 采用的都是单级主减速器。
	双级式主减速器	主传动比较大的主减速器通常采用两对齿轮传动，以提高刚度，增大汽车最小离地间隙。
按传动比挡数分	单速式	传动比是固定的。
	双速式	有两个传动比供驾驶员选择，以满足不同行驶条件的需要。
按齿轮副结构形式分	圆柱齿轮式	一般采用斜齿轮，广泛应用于发动机横置且前置前轮驱动的轿车驱动桥和双级主减速器贯通式驱动桥。
按齿轮副结构形式分	圆锥齿轮式	在同样的传动比下，采用螺旋锥齿轮传动的主减速器结构比采用直齿传动的主减速器的结构紧凑，且运转平稳，噪声较小。
	准双曲面齿轮式	工作平稳性好，齿轮的弯曲强度和接触强度高。具有主动齿轮的轴线可相对从动齿轮轴线偏移的特点，从而降低车身重心高度，提高汽车行驶稳定性。

（1）单级主减速器。

目前，轿车和一般轻、中型货车均采用单级主减速器。它具有结构简单、体积小、质量轻和传动效率高等优点。

如图 2-5-3 所示，减速传动机构为一对准双曲面齿轮（18 和 7）。主动齿轮有 6 个齿，从动齿轮有 38 个齿。为了使主动和从动齿轮之间啮合传动时冲击轻、噪声小，而且齿轮沿其长度方向磨损均匀，因此必须有正确的相对位置。为此，在结构上，一方面要使主动和从动锥齿轮有足够的支承刚度，使其在传动过程中不至于发生较大变形而影响正常啮合；另一方面，应有必要的啮合调整装置。

为保证主动锥齿轮有足够的支承刚度，主动锥齿轮与轴制成一体，前端支承在互相贴近而小端相向的两个圆锥滚子轴承（13 和 17）上，后端支承在圆柱滚子轴承（19）上，形成跨置式支承。环状的从动锥齿轮（7）连接在主减速器壳（4）的座孔中。从动锥齿轮的背面装有支承螺栓（6），以限制从动锥齿轮过度变形而影响齿轮的正常工作。装配时，支承螺栓与从动锥齿轮端面之间的间隙为 0.3～0.5 mm。

（2）双级主减速器。

有些汽车需要较大的主减速器传动比，单级主减速器已不能满足有足够的离地间隙的要求，这就需要采用由两对齿轮降速的双级主减速器。图 2-5-4 所示为解放 CA1092 汽车的双级主减速器。

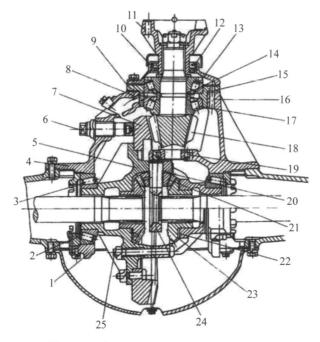

图 2-5-3   东风 EQ1090 型汽车单级主减速器

1. 差速器轴承盖   2. 轴承调整螺母   3、13、17. 圆锥滚子轴承   4. 主减速器壳   5. 差速器壳   6. 支承螺柱   7. 从动锥齿轮   8. 进油道   9、14. 调整垫片   10. 防尘罩   11. 叉形凸缘   12. 油封   15. 轴承座   16. 回油道   18. 主动锥齿轮   19. 圆柱滚子轴承   20. 行星齿轮垫片   21. 行星齿轮   22. 半轴齿轮推力垫片   23. 半轴齿轮   24. 行星齿轮轴(十字轴)   25. 螺栓

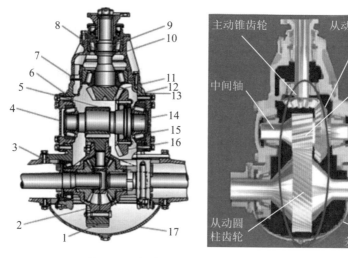

图 2-5-4   解放 CA1092 汽车的双级主减速器

1. 第二级从动齿轮   2. 差速器   3. 调整螺母   4、15. 轴承盖   5. 第二级主动齿轮   6、7、8、13. 调整垫片

9. 第一级主动锥齿轮轴   10. 轴承座   11. 第一级主动锥齿轮   12. 主减速器   14. 中间轴

16. 第一级从动锥齿轮   17. 后盖

第一级传动为锥齿轮，这是一对螺旋锥齿轮，而不是东风 EQ1090 主减速器采用的准双曲面齿轮，其传动比为 25/13≈1.923；第二级传动为一对斜齿圆柱齿轮，其传动比为 45/15＝3。

第一级主动锥齿轮和第一级主动齿轮轴制成一体，用两个圆锥滚子轴承（相距较远）支承在轴承座的座孔中，因主动锥齿轮悬伸在两轴承之后，故称为悬臂式支承。第一级从动锥齿轮用铆钉铆接在中间轴的凸缘上。第二级主动齿轮与中间轴制成一体，用两个圆锥滚子轴承支承在两端轴承盖的座孔中，轴承盖用螺栓与主减速器壳固定连接。第二级从动齿轮夹在左右两半差速器壳之间，并用螺栓将它们紧固在一起，其支承形式与东风 EQ1090 型汽车主减速器中差速器壳的支承形式相同。

三、差速器的作用与类型

1. 作用

差速器的作用是将主减速器传来的动力传给左、右两半轴，并在必要时允许左、右半轴以不同转速旋转，使左、右驱动车轮相对地面纯滚动而不是滑动。在汽车行驶过程中，车轮相对路面有两种运动状态：滚动和滑动。滑动又有滑转和滑移两种形式。设车轮中心相对路面的速度为 v，车轮旋转角速度为 ω，车轮滚动半径为 r。如果 $v＝\omega r$，则车轮对路面的运动为滚动，这是最理想的运动状态；如果 $\omega>0$，但 $v=0$，则车轮的运动为滑转；如果 $v>0$，但 $\omega=0$，则车轮的运动为滑移。

当汽车转弯行驶时，内外两侧车轮中心在同一时间内移过的曲线距离显然不同，即外侧车轮移过的距离大于内侧车轮移过的距离，如图 2-5-5 所示。若两侧车轮都固定在同一刚性转轴上，两轮角速度相等，则此时外轮必然是边滚动边滑移，内轮必然是边滚动边滑转。

同样，汽车在不平路面上直线行驶时，两侧车轮实际移过的曲线距离也不相等。因此，在角速度

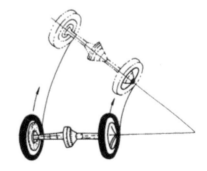

图 2-5-5　汽车转向时驱动车轮的运动示意图

相等的条件下，在波形较显著的路面上运动的一侧车轮是边滚动边滑移的，另一侧车轮则是边滚动边滑转的。即使路面非常平直，但由于轮胎制造尺寸误差，磨损程度不同，承受的载荷不同或充气压力不等，各个轮胎的滚动半径实际上不可能相等，因此，只要各轮角速度相等，车轮对路面的滑动就必然存在。

车轮对路面的滑动不仅会加速轮胎磨损,增加汽车的动力消耗,而且可能导致转向和制动性能的恶化。所以,在正常行驶条件下,应使车轮尽可能不发生滑动,这就是差速器的作用。

2. 类型

差速器按其工作特性可分为普通齿轮式差速器和防滑差速器两大类;按其用途可分为轮间差速器和轴间差速器。轮间差速器装在同一驱动桥两侧驱动轮之间,而轴间差速器装在各驱动桥之间。

(1)普通齿轮差速器。

在现代汽车中,应用最广泛的普通齿轮差速器为锥齿轮差速器,如图2-5-6所示。

行星锥齿轮差速器由差速器外壳、行星齿轮轴、两个行星齿轮、两个半轴齿轮、垫片等组成。行星齿轮轴装入差速器壳体后用止动销定位,差速器通过一对圆锥滚子轴承支承在变速器壳体中。

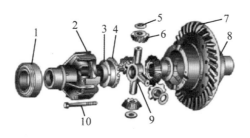

图2-5-6 行星锥齿轮差速器

1. 轴承 2. 左外壳 3. 垫片 4. 半轴齿轮 5. 垫圈 6. 行星齿轮

7. 从动齿轮 8. 右外壳 9. 行星齿轮轴 10. 螺栓

动力传动路线:主减速器从动齿轮──→差速器壳──→十字轴──→行星齿轮──→半轴齿轮──→半轴──→驱动车轮。

当两侧车轮转速相同时,行星齿轮只绕半轴轴线转动──公转。若两侧车轮阻力不同,则行星齿轮在公转的同时绕自身轴颈(十字轴)转动──自转。

(2)防滑差速器。

汽车上常用的防滑差速器有多种形式,下面介绍托森差速器,如图2-5-7所示。

托森差速器由差速器外壳、6个蜗轮、6根蜗轮轴、12个直齿圆柱齿轮及前、后轴蜗杆等组成。

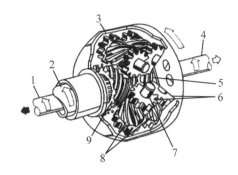

图 2-5-7 托森差速器

1. 差速器齿轮轴　2. 空心轴　3. 差速器外壳　4. 驱动轴凸缘盘　5. 后轴蜗杆

6. 直齿圆柱齿轮　7. 蜗轮轴　8. 蜗轮　9. 前轴蜗杆

四、半轴的作用与类型

1. 作用

半轴的作用是将差速器传来的动力传递给驱动轮。其内端与差速器的半轴齿轮相连，而外端则与驱动轮的轮毂相连。因其传动的转矩较大，常制成实心轴。半轴的结构受到了悬架和驱动桥结构的影响。非独立悬架、发动机前置、后轮驱动的汽车，半轴是一根长轴，它将转矩直接从差速器传递给驱动轮。断开式驱动桥和发动机前置前轮驱动的汽车，半轴分段并用等速万向节连接，中间半轴常被称为传动轴。

2. 类型

半轴的受力情况由半轴和驱动轮在桥壳上的支承形式决定。现代汽车基本上会采用全浮式半轴支承和半浮式半轴支承两种形式，见表 2-5-2。

表 2-5-2　半轴的类型

类型	结构图	特点
全浮式半轴支承	4　5　6 3　2　1 1. 桥壳　2. 半轴　3、5. 轴承　4. 半轴凸缘 6. 轮毂	半轴只承受转矩，两端均不承受其他任何反力和弯矩，作用在主减速器从动齿轮上的力及其形成的弯矩，全部由差速器壳直接承受。

续表

类型	结构图	特点
半浮式半轴支承	1. 止推块　2. 半轴　3. 圈锥滚子轴承　4. 锁紧螺母 5. 键　6. 轮毂　7. 桥壳凸缘	半轴外端不仅要承受转矩，而且要承受各种反力及其形成的弯矩。半轴内端通过花键与半轴齿轮连接，不承受弯矩。内端不承受力及弯矩，外端承受的力经半轴轴承传给桥壳承受。

五、 桥壳的作用与类型

1. 作用

桥壳一般由主减速器壳和半轴套管组成。其内部用来安装主减速器、差速器和半轴等；其外部通过悬架与车架相连，两端安装制动底板并连接车轮，承受悬架和车轮传来的各种作用力和力矩。

2. 类型

桥壳可分为整体式和分段式两类，如图 2-5-8 所示。整体式桥壳具有较大的强度和刚度且便于主减速器的装配、调整和维修，因此普遍用于各类汽车上。

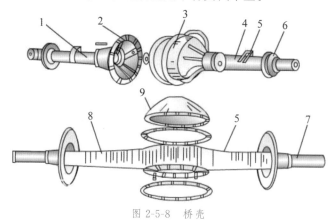

图 2-5-8　桥壳

1、4. 半桥壳　2. 左桥壳　3. 右桥壳　5. 钢板弹簧座　6. 突缘　7. 半轴套管　8. 后桥壳　9. 壳盖

任务实施

1. 任务名称

主减速器间隙调整。

2. 任务准备

(1)工作场景：理实一体化教室。

(2)主要设备：教学用车、举升机、工具车、手电筒。

(3)辅助设备：三件套、抹布、手套、白板、卡片纸、双面胶等。

3. 实施步骤

任务的实施步骤见表 2-5-3。

表 2-5-3 实施步骤

作业内容	图解	技术规范
1. 准备东风EQ1090E型主减速器总成		**技术要求** 将主减速器总成放置稳妥。
2. 在支承轴承盖和轴承座上做装配标记		**技术要求** 使用钢尺和油性笔在支承轴承盖上做好装配标记。
3. 旋出总成两端的调整螺母		**技术要求** 1. 拆下锁片紧固螺栓，取下锁片。 2. 旋出调整螺母。

作业内容	图解	技术规范
4. 拆卸支承轴承盖和轴承座紧固螺栓		**技术要求** 先用指针式扭力扳手对轴承座紧固螺栓卸力，再用快速扳手拧下紧固螺栓。
5. 取出差速器总成		**技术要求** 将差速器总成小心放置在工作台上，注意轴承座圈不能丢失。
6. 检查主减速器的从动齿轮		**技术要求** 检查齿轮的齿面是否有损伤和磨损过度，若齿面磨损过度或轮齿破损时应更换。
7. 检查主减速器的主动齿轮		**技术要求** 检查齿轮的齿面是否有损伤和磨损过度，若齿面磨损过度或轮齿破损时应更换。
8. 在主减速器的主动齿轮上涂红丹油		**技术要求** 在主动齿轮3处齿面上涂上一层薄薄的红丹油。

续表

作业内容	图解	技术规范
9. 安装差速器总成并紧固轴承座紧固螺栓		**技术要求** 1. 将支承轴承盖装配标记对正。 2. 安装轴承座紧固螺栓，拧紧力矩 $200 \sim 250$ N·m。
10. 旋上调整螺母		**技术要求** 初步旋上调整螺母。
11. 正、反向转动主动齿轮		**技术要求** 对从动锥齿轮稍施加阻力并正、反向转动主动齿轮数圈，观察从动锥齿轮上的啮合印痕。
12. 观察主减速器的从动齿轮齿面上的啮合印痕，调整总成两端的调整螺母，直至啮合间隙符合要求		**技术要求** 1. 接触面应位于齿高的中部且接近小端，并占齿宽 60% 以上。 2. 调整方法可概括为："顶进主、根出主、大进从、小出从"。 3. 安装锁片，紧固锁片紧固螺栓。

PROJECT 3 项目 转向系统的构造与检修

项目概述

　　转向系统的构造与检修的学习主要包括转向系统的认识、机械转向系统的检修和动力转向系统的检修三个任务。

　　通过本项目的学习，学生要在知识、技能、行为习惯、职业素养等方面达到以下相应要求。

序号	学习内容（知识、技能、行为习惯、职业素养等）	评价标准			
		了解知道	理解掌握	指导下操作	独立操作
1	转向系统的作用	√			
2	转向系统的分类及组成		√		
3	转向系统各组成部分在整车上的位置				√
4	机械转向系统的检修				√
5	转向助力液的更换			√	
6	5S 的训练				√
7	团队精神的养成		√		

M.ission 1　转向系统的认识

任　务　目　标

1. 能叙述转向系统的作用。

2. 会区分不同类型的转向系统。

3. 能说出不同类型转向系统的组成。

4. 能画出转向系统的动力传递路线。

5. 能在整车上识别转向系统的重要组件。

6. 能注重安全生产规范，树立绿色生产、敬业奉献的理念。

→ 必备知识

一、 转向系统的作用

在汽车行驶的过程中，驾驶员需要根据道路状况频繁地改变其行驶方向，因此对于轮式汽车而言，转向系统能够使与转向桥相连的车轮相对于汽车的纵轴线偏转一定的角度，从而实现车辆转向。故转向系统的作用如下：

(1)使前轮在任何速度下和车辆静止时都能转向所需要的方向；

(2)传递转向时的作用力和转动转向盘；

(3)实现较小的转弯半径；

(4)在不影响转向性能的情况下承受作用在转向系统上的制动力和驱动力。

二、 转向系统的分类

根据转向动力不同，转向系统可以分为机械转向系统和动力转向系统。

1. 机械转向系统

机械转向系统是以驾驶员的体力(手力)为转向能源的转向系统，其中所有传力件都是机械的，如图 3-1-1 所示。

优点：结构简单、成本低、维修方便，路感强。

缺点：操纵费力、驾驶舒适性差，坑洼路面会出现转向盘"打手"现象。

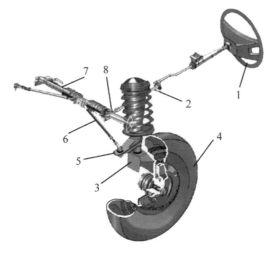

图 3-1-1　机械式转向系统

1. 转向盘　2. 安全转向轴　3. 转向节　4. 转向轮　5. 转向节臂

6. 转向横拉杆　7. 转向减振器　8. 机械转向器

2. 动力转向系统

动力转向系统是兼用驾驶员体力和发动机(或电机)的动力为转向能源的转向系统。它是在机械转向系统的基础上加设一套转向加力装置而形成的。

目前常用的动力转向系统有液压助力转向系统、电子液压助力转向系统和电动助力转向系统三大类，见表 3-1-1。

表 3-1-1　转向系统的分类

分类	结构图	特点
液压助力转向系统	储油罐　转向助力泵　转向柱　动力缸　护罩　转向传动轴　横拉杆　回油管　护罩　球头	• 助力效果好； • 结构复杂，部件多； • 需要液压油传递动力，需进行常规保养； • 易产生漏油现象； • 发动机工作期间，一直工作，消耗燃油； • 发动机不工作，则没有助力； • 助力大小与发动机转速有关，不能满足驾驶员需求； • 不可以实现自动控制，如自动泊车、自动驾驶等。

续表

分类	结构图	特点
电子液压助力转向系统	转向执行机构与机械液压助力相同 电子泵	• 电子液压助力成本更高； • 就可靠性而言，不及机械液压助力和电动助力转向系统； • 助力力度有限。电子泵由发电机的电能驱动，而发电机的功率和蓄电池能够提供的最大电流有限，故能承载的负荷也有限； • 属于过渡产品，正逐渐被电动助力转向系统取代。
电动助力转向系统	转向拉杆　护罩　转向传动轴 转向柱 助力电机　转向机	• 结构简单； • "干式"系统，无须液压油，环保； • 不会产生漏油现象； • 无须进行常规保养； • 节省燃油； • 发动机不工作，也有助力； • 助力大小与车速有关，能够满足驾驶员需求； • 可以实现自动控制，如自动泊车、自动驾驶等。

三、 转向系统的组成

转向系统由转向操纵机构、转向器和转向传动机构组成。

1. 转向操纵机构

转向操纵机构由转向盘、转向柱、转向管柱，以及碰撞吸能装置等组成。它的作用是将驾驶员转动转向盘的操纵力传给转向器。

（1）转向盘。

转向盘俗称方向盘，如图 3-1-2 所示。为了使驾驶员有很好的视野，转向盘上部的空间一般较大。现代汽

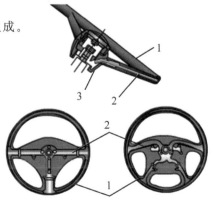

图 3-1-2　汽车转向盘

1. 轮圈　2. 轮辐　3. 轮毂

车的转向盘除了安装有喇叭控制开关和安全气囊外，通常还安装有自动巡航、音响娱乐、车载蓝牙等系统的控制开关。

（2）转向柱及转向管柱。

转向柱是将驾驶员作用于转向盘的转向操纵力矩传给转向器的传力轴。它的上部与转向盘固定连接，下部装有转向器。现代汽车的转向柱除装有柔性万向节外，有的还装有能改变转向盘的工作角度（转向轴的传动方向）和转向盘的高度（转向轴轴向长度）的机构，以方便不同体型驾驶员的操纵。

（3）碰撞吸能装置。

转向盘及转向柱正对驾驶员的胸口，当汽车正面发生剧烈碰撞时，转向盘会对驾驶员造成伤害，因此，转向柱通常设计有碰撞吸能装置。碰撞吸能装置能够在正面碰撞达到一定程度时发生溃缩或者塌陷，吸收能量，减轻对驾驶员的人身伤害。通常所见的碰撞吸能装置有多种形式，如钢球滚压式（图 3-1-3）、波纹管式（图 3-1-4）、栅极管式（图 3-1-5）。

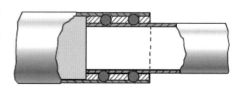

图 3-1-3　钢球滚压式碰撞吸能装置

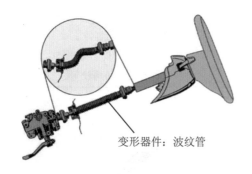

变形器件：波纹管

图 3-1-4　波纹管式碰撞吸能装置

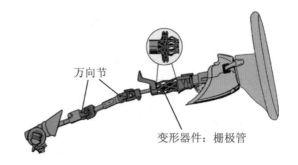

万向节

变形器件：栅极管

图 3-1-5　栅极管式碰撞吸能装置

2. 转向器

转向器是转向系统的减速传动装置，它将转向盘的转动变为齿条轴的直线运动或转向摇臂的摆动，降低运动速度，增大转向力矩并改变转向力矩的传动方向。目前，汽车上广泛使用的转向器有齿轮齿条式和循环球式两种，见表 3-1-2。

表 3-1-2 转向器的分类

类型	示意图	特点	适用车型
齿轮齿条式转向器		结构简单紧凑，质量轻，扭矩传递较好，操作轻便灵敏。转向器总成密封，无须保养，更容易设计成动力转向系统。	轿车和轻型汽车
循环球式转向器		由于更多依靠滚动摩擦，所以具有较高的传动效率，操纵起来比较轻便舒适，机械部件的磨损较小，使用寿命相对较长。在没有转向助力的年代，循环球式转向器占据了统治地位。	货车

3. 转向传动机构

转向传动机构的作用是将转向器输出的力和运动传给转向桥两侧的转向节，使两侧转向轮偏转以实现汽车转向。转向传动机构的组成和分布因转向器结构形式、安装位置及悬架类型的不同而不同。

（1）与非独立悬架配用的转向传动机构。

与非独立悬架配用的转向传动机构包括转向器、转向摇臂、转向直拉杆、转向节臂、梯形臂和转向横拉杆，如图 3-1-6 所示。

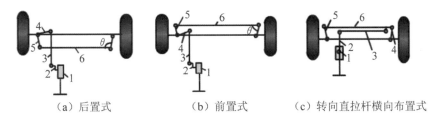

（a）后置式　　　　（b）前置式　　　（c）转向直拉杆横向布置式

图 3-1-6 与非独立悬架配用的转向传动机构示意图

1. 转向器　2. 转向摇臂　3. 转向直拉杆　4. 转向节臂　5. 梯形臂　6. 转向横拉杆

图 3-1-6(a)：当前桥仅为转向桥时，由左、右梯形臂和转向横杆组成的转向梯形一般布置在前桥之后。

图 3-1-6(b)：当发动机位置较低或前桥为转向驱动桥时，为避免运动干涉，往往将转向梯形布置在前桥之前。

图 3-1-6(c)：若转向摇臂是在与路面平行的平面内左右摆动，则可将转向直拉杆横向布置，并借球头销直接带动转向横拉杆，从而使左右梯形臂转动。

（2）与独立悬架配用的转向传动机构。

当转向桥采用独立悬架时，每个转向轮都需要相对于车架（或车身）做独立运动，因而转向桥必须是断开式的。与此相应，转向传动机构中的转向梯形也必须是断开式的，分成两段或三段，从而使得独立悬架的转向传动机构要比非独立悬架的转向传动机构复杂。图 3-1-7 所示为两种与独立悬架配用的转向传动机构，且二者都是与齿轮齿条式转向器配用的。

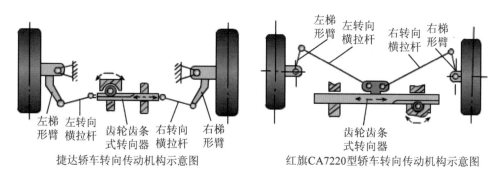

捷达轿车转向传动机构示意图　　　　红旗CA7220型轿车转向传动机构示意图

图 3-1-7　与齿轮齿条式转向器相配合的转向传动机构示意图

四、 转向系统的动力传递路线

转向系统的动力传递路线如图 3-1-8 所示。

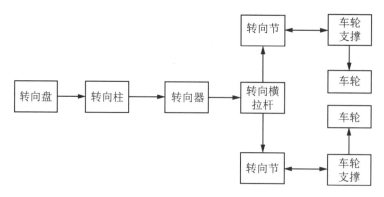

图 3-1-8　转向系统的动力传递路线

→ 任务实施 ————————————————————————————————

1. 任务名称

能在整车上识别转向系统的重要组件。

2. 任务准备

(1)工作场景：理实一体化教室。

(2)主要设备：教学用车、举升机、手电筒。

(3)辅助设备：三件套、抹布、手套、白板、卡片纸、双面胶等。

3. 实施步骤

任务的实施步骤见表3-1-3。

表 3-1-3　实施步骤

作业内容	图解	技术规范
1. 车辆保护		**技术要求** 　1. 车辆位于举升机位的正常举升初始位置。 　2. 安装车轮挡块。 　3. 拉紧驻车制动器。 　4. 安装三件套。
2. 认识转向盘		**技术要求** 　1. 能说出转向盘周围的部件(灯光组合开关、雨刮组合开关、定速巡航操作键、蓝牙操作键、音量调整键等)。 　2. 认识转向盘下部的高度调节开关。

作业内容	图解	技术规范
3. 转向盘锁止		**技术要求** 1. 转动点火开关到"LOCK"熄火。 2. 拔下点火钥匙。 3. 顺时针方向将转向盘转动约 1/6 圈，转向盘锁止。 **注意事项** 旋转转向盘时，轻轻用力，切忌用力过猛。
4. 转向盘解锁		**技术要求** 1. 将挡位置于 P 挡。 2. 左右旋转转向盘，同时打开点火开关。 3. 转向盘解锁。 **注意事项** 旋转转向盘时，轻轻用力，切忌用力过猛。
5. 认识转向柱		**技术要求** 1. 认识转向柱的位置。 2. 熟悉转向柱的形状。 3. 了解转向柱的组成。 4. 左右转动转向盘，观察转向柱的动作。 **注意事项** 要想看到完整的转向柱，必须先拆除转向盘下方的仪表板。
6. 认识转向机		**技术要求** 1. 安全顶起车辆，如果底盘上面有护板可以先拆开护板。 2. 观察转向机的安装位置。 3. 观察转向机上的油液管路。 **安全警告** 在车下作业的时候，注意头部安全防护。

续表

作业内容	图解	技术规范
7. 认识横拉杆		**技术要求** 1. 认识左右两个横拉杆。 2. 认识横拉杆的连接方式。 3. 熟悉横拉杆上面的调整装置。 **安全警告** 在车下作业的时候，注意头部安全防护。 **易发问题** 容易将横拉杆上面的调整装置和锁紧装置混淆。
8. 认识转向节		**技术要求** 1. 认识转向节。 2. 认识转向节与横拉杆连接的球头。 3. 检查球头上面的锁销。 **安全警告** 在车下作业的时候，注意头部安全防护。
9. 认识转向储液罐		**技术要求** 1. 降下车辆，认识动力转向液储液罐。 2. 仔细观察动力转向液储液罐上面的刻度。 3. 认识和储液罐相连接的管路。 **注意事项** 千万不要将其他储液罐和动力转向液的储液罐混淆。
10. 认识转向助力泵		**技术要求** 1. 认识转向助力泵。 2. 认识转向助力泵相关的管路。 **注意事项** 要注意区分转向助力泵、水泵、发电机、压缩机等部件的位置。

作业内容	图解	技术规范
11.5S 工作		**技术要求** 1. 收起翼子板布、前格栅布，放到规定位置，盖上发动机舱盖。 2. 收起三件套，丢弃至指定垃圾箱中。 3. 拔出钥匙，锁好车门，钥匙放回指定位置。 4. 清洁车辆、地面及工具。

任务 2 机械转向系统的检修

任务目标

1. 能描述机械转向系统的检修目的。

2. 能阐述机械转向系统的检修项目。

3. 能描述机械转向系统的检修流程。

4. 会进行转向横拉杆的更换。

5. 能注重安全生产规范，弘扬工匠精神，树立敬业奉献的理念。

➔ 必备知识

一、机械转向系统的检修目的

机械转向系统检修的目的是确保车辆能够轻松且安全转向。通过检修，确保转向操作机构、转向器和转向传动机构转向轻便、灵活，转向无卡滞现象，转向系统各螺栓、螺母连接牢固，扭矩符合要求，各球节部件连接可靠。

二、机械转向系统的检修项目

根据国家标准 GB/T 18344—2016《汽车维护、检测、诊断技术规范》，以《江苏省中等职业教育汽车运用与维修专业指导性人才培养方案》《江苏省中等职业教育汽车运用与维修专业技能教学标准（征求意见稿）》为依据，机械转向系统的检修因一级维护和二级维护的要求不一样，其检修项目也不相同，具体检修内容和技术要求见表 3-2-1。

表 3-2-1 机械转向系统的检修内容和技术要求

维护级别	作业项目	作业内容	技术要求
一级维护	部件连接	检查、校紧万向节、横直拉杆、球头销和转向节等部位连接螺栓、螺母	各部件连接可靠

续表

维护级别	作业项目	作业内容	技术要求
二级维护	转向器和转向传动机构	检查转向器和转向传动机构	转向轻便、灵活,转向无卡滞现象,锁止、限位功能正常
		检查部件技术状况	转向节臂,转向器摇臂及横直拉杆无变形、裂纹和平焊现象,球销无裂纹、不松旷,转向器无裂损
	转向盘最大自由转动量	检查、调整转向盘最大自由转动量	最高设计车速不小于 100 km/h 的车辆,其转向盘的最大自由转动量不大于 15°,其他车辆不大于 25°

三、 机械转向系统的检修流程

机械转向系统的检修通常按照动力传递路线逐一排查和检修,如图 3-2-1 所示。

图 3-2-1　机械转向系统的检修流程

→ **任务实施**

1. **任务名称**

机械转向系统的检修。

2. **任务准备**

(1)工作场景:理实一体化教室。

(2)主要设备:教学用车、举升机、手电筒、扭力扳手、工具车。

(3)辅助设备:三件套、抹布、手套、直尺等。

3. **实施步骤**

任务的实施步骤见表 3-2-2。

表 3-2-2 实施步骤

作业内容	图解	技术规范
1. 车辆保护		技术要求 1. 车辆位于举升机位的正常举升初始位置。 2. 安装车轮挡块。 3. 拉紧驻车制动器。 4. 安装三件套。
2. 转向盘高度调节检修		技术要求 1. 将转向盘下面的高度调节手柄松开。 2. 双手握住转向盘往上提,转向盘高度增加;往下压,转向盘高度降低。 3. 高度调整合适后,将高度调节手柄锁定。
3. 转向盘锁止功能检修		技术要求 1. 转动点火开关到"LOCK"熄火。 2. 拔下点火钥匙。 3. 顺时针方向将转向盘转动约 1/6 圈,转向盘锁止。 注意事项 旋转转向盘时,轻轻用力,切忌用力过猛。
		技术要求 1. 将挡位置于 P 挡。 2. 左右旋转转向盘,同时打开点火开关。 3. 转向盘解锁。 注意事项 旋转转向盘时,轻轻用力,切忌用力过猛。

作业内容	图解	技术规范
4. 测量转向盘自由行程	 不大于15°	**技术要求** 最高设计车速不小于 100 km/h 的车辆,其转向盘的最大自由转动量不大于 15°,其他车辆不大于 25°。
5. 转向柱检修		**技术要求** 1. 检查转向柱外观,无变形。 2. 检查转向柱两头的万向节,无松动。 3. 中间转向柱上螺栓扭矩为 34 N·m。 4. 中间转向柱下螺栓扭矩为 25 N·m + 180°。 **注意事项** 养成认真严谨、求真务实的工作态度,严格按照维修手册要求检查横拉杆固定螺母扭矩。
6. 转向器检修		**技术要求** 1. 观察转向机,无明显损坏、漏油。 2. 检查转向机两头密封套,无明显损坏。 **注意事项** 不要把半轴密封套误当为转向机密封套。
7. 转向横拉杆检修	限位螺母	**技术要求** 1. 横拉杆无变形、裂纹和平焊现象。 2. 限位螺母应处于限位状态。 **注意事项** 切忌随意调整限位螺母,否则必须重新进行车轮定位。

续表

作业内容	图解	技术规范
8. 检查转向横拉杆球节		**技术要求** 1. 内转向横拉杆(转向盘侧)固定螺母 60 N·m。 2. 外转向横拉杆固定螺母 35 N·m。 3. 球销无裂纹、不松旷。 4. 球节不松旷,防尘套无损坏。 **注意事项** 养成认真严谨、求真务实的工作态度,严格按照维修手册要求检查横拉杆固定螺母扭矩。
9. 转向节检修		**技术要求** 转向节完好,无变形、无腐蚀。
10.5S 工作		**技术要求** 1. 收起翼子板布、前格栅布,放到规定位置,盖上发动机舱盖。 2. 收起三件套,丢弃至指定垃圾箱中。 3. 拔出钥匙,锁好车门,钥匙放回指定位置。 4. 清洁车辆、地面及工具。

M任务3 动力转向系统的检修

任务目标

1. 能描述动力转向系统的检修目的
2. 能阐述动力转向系统的检修项目。
3. 能描述动力转向系统的检修流程。
4. 会进行动力转向液的更换。
5. 能合作学习，注重安全生产规范，树立绿色生产理念。

→ 必备知识

一、 动力转向系统的检修目的

动力转向系统的检修目的是确保车辆能够轻松且安全地转向。除了对转向系统机械部分进行检修外，还要对助力转向部分进行检修，并按规定的里程或时间更换动力转向液，油面高度应符合规定。

二、 动力转向系统的检修项目

根据国家标准 GB/T 18344—2016《汽车维护、检测、诊断技术规范》，以《江苏省中等职业教育汽车运用与维修专业指导性人才培养方案》《江苏省中等职业教育汽车运用与维修专业技能教学标准(征求意见稿)》为依据，动力转向系统的检修因一级维护和二级维护的要求不一样，其检修项目也不相同，具体检修内容和技术要求见表 3-3-1。

表 3-3-1　动力转向系统的检修项目

维护级别	作业项目	作业内容	技术要求
一级维护	部件连接	检查、校紧万向节、横直拉杆、球头销和转向节等部位连接螺栓、螺母	各部件连接可靠
	转向器润滑油及动力转向液	检查油面高度，视情况更换	按规定的里程或时间更换转向器润滑油及动力转向液，油面高度应符合规定

续表

维护级别	作业项目	作业内容	技术要求
二级维护	转向器和转向传动机构	检查转向器和转向传动机构	转向轻便、灵活，转向无卡滞现象，锁止、限位功能正常
		检查部件技术状况	转向节臂、转向器摇臂及横直拉杆无变形、裂纹和平焊现象，球销无裂纹、不松旷，转向器无裂损、无漏油现象
	转向盘最大自由转动量	检查、调整转向盘最大自由转动量	最高设计车速不小于 100 km/h 的车辆其转向盘的最大自由转动量不大于 15°，其他车辆不大于 25°

三、动力转向系统的检修流程

动力转向系统的检修通常在机械转向系统检修的基础上增加以下检修项目。

1. 目视检查储液罐油液

检查内容主要包括动力转向液品质和液位检查、外部泄漏检查、液压油管检查。具体现象及原因见表 3-3-2。

表 3-3-2　储液罐油液的现象及原因

现象	原因
动力转向液呈现乳状或有较多泡沫	表明其内部存在空气或者被污染，这可能是由内部泄漏导致的
动力转向液液面较低	一般是由外部泄漏引起的，泄漏通常发生在液压油管连接处、齿条处
液压油管非常软，或者看上去呈海绵状，或者用手感觉其平顺度不达标	油管老化或损坏，应该更换液压油管

2. 油压测试（有故障才需检修）

油压测试是检查液压助力转向系统的重要方法，通过油压表观察油压是否正常（550～860 kPa），以此判断动力转向泵、转向器工作是否正常。

3. 检查动力转向泵皮带

松开动力转向泵支架上的后固定螺栓，松开张紧螺栓的螺母，调整张紧螺栓，使 V 形带中间处有 10 mm 的挠度。

4. 液压系统排气

如果动力转向液为褐色，系统中则可能有气泡，可通过转动转向盘对液压系统进行排气。

5. 液压系统冲洗

更换动力转向泵、转向器轴承或转向器总成后，必须对液压系统进行冲洗，否则旧动力转向液中掺杂的金属碎屑会损坏液压系统。

→ 任务实施

1. 任务名称

动力转向液的更换。

2. 任务准备

(1)工作场景：理实一体化教室。

(2)主要设备：教学用车、举升机、手电筒、扭力扳手、工具车、动力转向液、尖嘴钳、油塞。

(3)辅助设备：三件套、抹布、手套等。

3. 实施步骤

任务的实施步骤见表 3-3-3。

表 3-3-3　实施步骤

作业内容	图解	技术规范
1. 车辆保护		**技术要求** 1. 车辆位于举升机位的正常举升初始位置。 2. 安装车轮挡块。 3. 拉紧驻车制动器。 4. 安装三件套。

续表

作业内容	图解	技术规范
2. 动力转向液检查	Max Min	**技术要求** 1. 接好尾排，起动发动机，左右旋转转向盘数次，让动力转向液温度上升至 80°左右。 2. 拧开动力转向液储液罐，观察油液的质量及高度（在 Max 和 Min 之间）。
3. 做好地面防护		**技术要求** 接油盘放在储液罐的正下方，确保油不滴洒到地面上。
4. 松开动力转向液储液罐回油管卡箍		**技术要求** 1. 拧紧储液罐盖，用老虎钳松开储液罐回油管卡箍。 2. 准备好接油容器和油塞。 **注意事项** 1. 松开卡箍时，不可用力过猛，以免损坏卡箍。 2. 老虎钳夹住卡箍后，整体慢慢往后移动，使卡箍移离受力点。
5. 拆开低压回油管，堵塞回油孔		**技术要求** 1. 此处建议两人配合。 2. 油管拆开后，一人负责把油管放入接油容器中，另一人迅速用油塞塞住回油孔。

作业内容	图解	技术规范
6. 冲洗液压系统		**技术要求** 1. 起动发动机，左右转动转向盘至极限位置。 2. 加入新的动力转向液，直至回油管流出新的油液。 **注意事项** 废旧的动力转向液必须进行专业回收，否则会对环境造成严重危害。
7. 连接低压回油管		**技术要求** 1. 发动机熄火。 2. 复位低压回油管。 **注意事项** 油管要连接到位，卡箍也要复位到正确的位置。
8. 添加动力转向液		**技术要求** 添加动力转向液至油尺刻度的 Max 和 Min 之间。
9. 为液压系统排空气		**技术要求** 1. 打开点火开关，无须起动发动机，左右转动转向盘至极限位置(20 次左右)。 2. 仔细观察储液罐里面液面排气情况，直至气泡完全消失。 3. 再次检查液面高度，正确后拧紧储液罐盖。

续表

作业内容	图解	技术规范
10.5S 工作	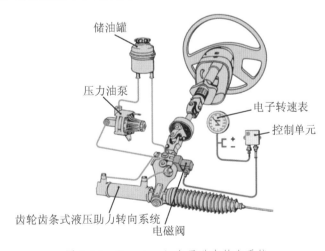	**技术要求** 1. 收起翼子板布、前格栅布，放到规定位置，盖上发动机舱盖。 2. 收起三件套，丢弃至指定垃圾箱中。 3. 拔出钥匙，锁好车门，钥匙放回指定位置。 4. 清洁车辆、地面及工具。

→ **拓展知识**

随速电动助力转向系统——Servotronic 电子助力转向系统。

在所有的转向系统中，车速越高，改变行驶转向时驾驶员施加在转向盘上的操纵力矩越小。这可能导致车速较高时驾驶员感觉转向过于灵活。

Servotronic 是一种电子控制助力转向系统，该系统根据车速调节转向盘上的操纵力矩。车辆静止或车速很低(如停车时)时转向助力最大，车速较高时转向助力最小。因此，其改善了车速提高时驾驶员对路面的反应能力。

Servotronic 电子助力转向系统是一种齿轮齿条式助力转向系统。机械机构通过液压系统和电子系统来补充。结构如图 3-3-1 所示。

图 3-3-1 Servotronic 电子助力转向系统

齿轮齿条式转向器由小齿轮和齿条组成。齿条通过一个压块以无间隙形式压向小齿轮。转向器具有可变传动比，即齿与齿之间的距离不同：较大的中部齿距使得转向盘转角较小时即可产生线性直接的传动比，如以较快车速直线行驶时；较小的两侧齿距使得转向角较大时产生累进的传动比，如停车时。如图 3-3-2 所示。

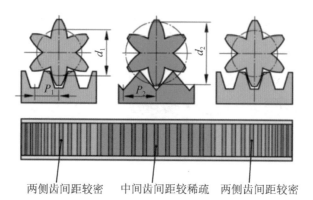

图 3-3-2　齿距可变的齿条

P_1：转向盘每转一圈，齿条移动较小。P_2：转向盘每转一圈，齿条移动较大。

项目 4 PROJECT

行驶系统的构造与检修

项 目 概 述

汽车行驶系统具有举足轻重的作用，它支承整车，缓和冲击，产生驱动力和制动力，保证正常行驶。本项目包含五个基本学习任务，即车架与车桥的检修、悬架系统的认识、轮胎的拆装、车轮动平衡、车轮定位。

通过本项目的学习，学生要在知识、技能、行为习惯、职业素养等方面达到以下相应要求。

序号	学习内容(知识、技能、行为习惯、职业素养等)	评价标准			
		了解知道	理解掌握	指导下操作	独立操作
1	安全、规范的操作				√
2	爱护客户车辆				√
3	工作、学习环境整洁有序				√
4	车架与车桥的基本知识	√			
5	轮胎的基本知识	√			
6	关于车轮定位的基础知识	√			
7	进行车轮定位的操作			√	
8	车轮进行动平衡检测的必要性	√			
9	车轮动平衡的检测			√	
10	轮胎的拆装			√	

Mission 任务 1　车架与车桥的检修

任 务 目 标

1. 能描述车架的作用和要求。

2. 能区分车架的类型和构造。

3. 能说出车桥的作用和分类。

4. 会对车架与车桥进行规范的常规检查。

5. 能安全规范的工作，树立求真务实、生命至上、绿色生产、敬业奉献的理念。

→ 必备知识

一、车架的作用和要求

1. 作用

(1)安装汽车各种总成部件，并使它们保持正确的相对位置。

(2)承受来自车上和地面的各种静、动载荷。

2. 要求

(1)能满足汽车总体布置的要求。

(2)具有足够的强度和刚度，且其质量应尽可能小。

(3)要求车架结构尽可能简单，并有利于降低汽车质心和提供大的转向角。

二、车架的类型和构造

汽车车架的结构形式常见的有边梁式车架、中梁式车架、综合式车架、承载式车身等。

边梁式车架由两根位于两边的纵梁和若干根横梁组成。通常用铆接或焊接将纵梁和横梁连接成坚固的刚件构架，如图 4-1-1 所示，优点是结构简单、部件的安装固定且方便等；缺点是扭转刚度小。为提高车架的扭转刚度，一些轿车和载货汽车采用了中梁式车架(也称脊梁式车架，如图 4-1-2)。

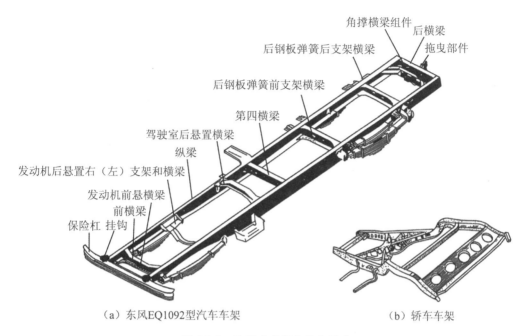

角撑横梁组件
后横梁
拖曳部件
后钢板弹簧后支架横梁
后钢板弹簧前支架横梁
第四横梁
驾驶室后悬置横梁
纵梁
发动机后悬置右（左）支架和横梁
发动机前悬横梁
前横梁
保险杠　挂钩

（a）东风EQ1092型汽车车架　　　　（b）轿车车架

图 4-1-1　边梁式车架的结构形式

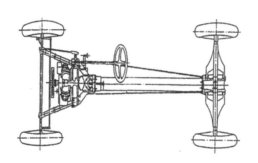

图 4-1-2　中梁式车架结构示意图

　　综合式车架是中梁式车架的一种变形。纵梁前段是边梁式的，用以安装发动机；中后部是中梁，悬伸出来的支架可以固定车身。（图 4-1-3）

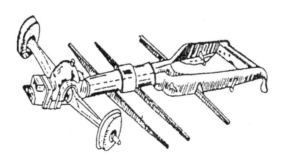

图 4-1-3　综合式车架示意图

现代轿车绝大多数采用承载式车身，这种车身也称为无梁式车架。（图 4-1-4）

图 4-1-4　承载式车身示意图

三、 车桥的作用和分类

1. 作用

车桥通过悬架与车架相连，两端安装车轮，其作用是传递车架与车轮之间的各种力和力矩。

2. 分类

(1)按配用悬架结构分，可分为整体式的和断开式的。

(2)按车桥上车轮的作用分，可分为转向桥、驱动桥、转向驱动桥、支持桥。

转向桥可以与非独立悬架相配，也可以与独立悬架相配。非独立悬架转向桥主要由前梁、转向节、转向主销等几部分组成，如图 4-1-5 所示。

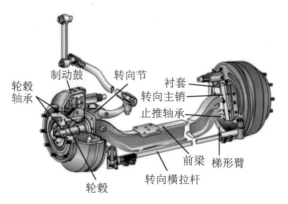

图 4-1-5　与非独立悬架匹配的转向桥

独立悬架采用断开式转向桥，图 4-1-6 所示为轿车的转向桥与前悬架：减振器加速振动的衰减，提高行驶平顺性；上摆臂和上球头销不可拆，靠弹簧自动调整间隙；下摆臂和下球头销可拆，靠垫片调整间隙；属于无主销式转向节。

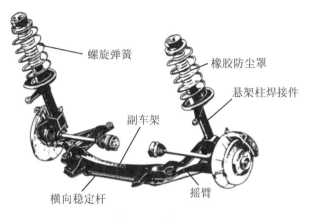

螺旋弹簧
橡胶防尘罩
悬架柱焊接件
副车架
横向稳定杆
摇臂

图 4-1-6 与独立悬架匹配的转向桥

发动机前置前轮驱动以及全轮驱动的汽车，其前桥既作为转向桥，又兼起驱动桥的作用，故称为转向驱动桥。（图 4-1-7）

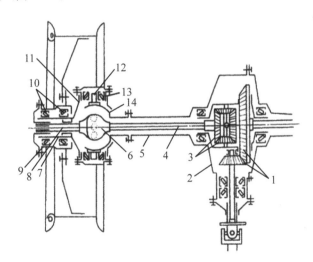

图 4-1-7 转向驱动桥结构图

1. 主减速器 2. 主减速器壳 3. 差速器 4. 内半轴 5. 半轴套管 6. 万向节 7. 转向节轴颈

8. 外半轴 9. 轮毂 10. 轮毂轴承 11. 转向节壳体 12. 主销 13. 主销轴承 14. 球形支座

图 4-1-8 所示为既无转向功能又无驱动功能的车桥。

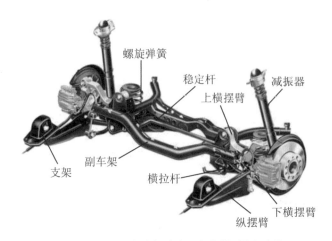

图 4-1-8　PQ35 系列车型的后支持桥(螺旋弹簧)

→ **任务实施**

1. 任务名称

车架、车桥的常规检查和维护。

2. 任务准备

(1)工作场景:理实一体化教室。

(2)主要设备:教学用车、举升机、手电筒。

(3)辅助设备:三件套、抹布、手套、白板、卡片纸、双面胶等。

3. 实施步骤

任务的实施步骤见表 4-1-1。

表 4-1-1　实施步骤

作业内容	图解	技术规范
1. 设备准备		技术要求 1. 车辆位于举升机位的正常举升初始位置。 2. 安装车轮挡块。 3. 拉紧驻车制动器。 4. 安装三件套。

续表

作业内容	图解	技术规范
2. 检查车架、车桥与悬架之间的拉杆和导杆		技术要求 （见国家标准 GB/T 18344—2016《汽车维护、检测、诊断技术规范》） 车桥无变形、表面无裂痕、润滑脂无泄漏，车桥与悬架之间的拉杆和导杆无松旷、移位和变形。
3. 检查车架和车身		技术要求 （见国家标准 GB/T 18344—2016《汽车维护、检测、诊断技术规范》） 1. 车架和车身无变形、断裂及开焊现象，连接可靠，车身周正。 2. 发动机罩盖锁紧。
4. 检查车门、车窗启闭和锁止情况		技术要求 （见国家标准 GB/T 18344—2016《汽车维护、检测、诊断技术规范》） 车门和车窗应启闭正常，锁止可靠。
5. 5S 工作		技术要求 1. 收起翼子板布、前格栅布，放到规定位置，盖上发动机舱盖。 2. 收起三件套，丢弃至指定垃圾箱中。 3. 拔出钥匙，锁好车门，钥匙放回指定位置。 4. 清洁车辆、地面及工具。 5. 能安全规范工作，树立绿色生产、敬业奉献的理念。

任务2 悬架系统的认识

任 务 目 标

1. 能描述悬架的定义和作用。

2. 能说出悬架的组成。

3. 能区分悬架的分类。

4. 会对悬架进行常规检查。

5. 能合作学习，注重安全生产规范，践行绿色生产、敬业奉献的工匠精神。

→ 必备知识

一、悬架的定义和作用

1. 定义

汽车悬架是车架或车身与车桥之间一切传力连接装置的统称。

2. 作用

(1)汽车悬架弹性地连接车桥与车架或车身，缓和行驶中车辆受到的由不平路面引起的冲击力。

(2)迅速衰减由于弹性系统引起的振动，传递垂直、纵向、侧向反力及其力矩。

(3)起导向作用，使车轮按一定轨迹相对车身运动。

二、悬架的组成

悬架一般由弹性元件、减振器、横向稳定杆和导向装置等组成，如图 4-2-1 所示。

1. 弹性元件

弹性元件可缓和冲击，并承受、传递垂直载荷。常见的弹性元件主要有钢板弹簧、螺旋弹簧、扭杆弹簧、油气弹簧与空气弹簧等。

2. 减震器

减震器可限制弹簧自由震荡，衰减振动。

3. 横向稳定杆

横向稳定杆使车身在转弯时不发生过度横向倾斜。

4. 导向装置

导向装置可传递侧向力、纵向力，并保证车轮相对车身的正确运动关系。

钢板弹簧作为弹性元件时，它本身具有导向作用，可不另设导向装置。（图 4-2-1）

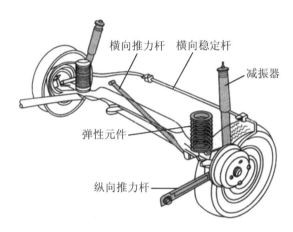

图 4-2-1　悬架的组成

三、 悬架的分类

1. 按汽车导向装置分

悬架可分为独立悬架和非独立悬架，如图 4-2-2 和图 4-2-3 所示。

独立悬架的特点是车桥是断开的，每侧车轮可以单独通过弹性元件与车架或车身连接。该悬架质量较轻，缓冲与减震能力很强，乘坐舒适。

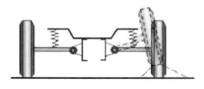

图 4-2-2　独立悬架示意图

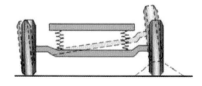

图 4-2-3　非独立悬架示意图

非独立悬架系统的结构特点是两侧车轮由一根整体式车架相连；车轮连同车桥一起通过弹性悬架系统悬架在车架或车身的下面；结构简单、成本低、强度高、保养容易、行车中前轮定位变化小；但其舒适性及操纵稳定性都相对较差。

2. 按控制形式分

悬架可分为主动式悬架和被动式悬架，如图 4-2-4 和图 4-2-5 所示。

图 4-2-4 主动式悬架

图 4-2-5 被动式悬架

主动式悬架可根据路面和行驶状况自动调整悬架刚度和阻尼，从而使车辆能主动控制垂直振动及其车身或车架的姿态；可以兼顾汽车的平顺性与操纵稳定性。

主动式悬架可以调节悬架的参数，从而降低车轮载荷波动，提高附着性能，改善操纵性，同时减轻轮胎的磨损。

目前，多数汽车上采用的都是被动式悬架。被动式悬架的特点是汽车状态只能被动地取决于路面、行驶状况和汽车的弹性元件、导向装置以及减振器这些机械零件。

由钢板弹簧或螺旋弹簧、减振器组成的机械式悬架系统各元件的特性不可调整，只能被动地吸收能量、缓和冲击，因而它属于被动式悬架。

➡ 任务实施

1. 任务名称

悬架的常规检查。

2. 任务准备

（1）工作场景：理实一体化教室。

（2）主要设备：教学用车、举升机、手电筒。

（3）辅助设备：三件套、抹布、手套、白板、卡片纸、双面胶等。

3. 实施步骤

任务的实施步骤见表 4-2-1。

表 4-2-1　实施步骤

作业内容	图解	技术规范
1. 车辆准备		**技术要求** 1. 车辆位于举升机位的正常举升初始位置。 2. 安装车轮挡块。 3. 拉紧驻车制动器。 4. 安装三件套。
2. 检查悬架弹性元件，校紧连接螺栓、螺母		**技术要求** 弹性元件无损伤，连接可靠无松动；支撑螺栓 90 N·m。 （见国家标准 GB/T 18344—2016《汽车维护、检测、诊断技术规范》）
3. 检查减震器		**技术要求** 减震器稳固有效，无漏油；橡胶垫无松动、变形。 （见国家标准 GB/T 18344—2016《汽车维护、检测、诊断技术规范》）

作业内容	图解	技术规范
4. 检查悬架系统各球关节和稳定杆		**技术要求** 球关节的密封件不应有切口、裂纹和泄漏，稳定杆应连接可靠，结构件不应有残损或变形；稳定杆卡箍固件22 N·m。 （见国家标准 GB 7258—2017《机动车运行安全技术条件》）
5. 5S 工作		**技术要求** 1. 收起翼子板布、前格栅布，放到规定位置，盖上发动机舱盖。 2. 收起三件套，丢弃至指定垃圾箱中。 3. 拔出钥匙，锁好车门，钥匙放回指定位置。 4. 清洁车辆、地面及工具。 5. 安全工作，践行绿色生产、敬业奉献的工匠精神。

M_{ission} 3　轮胎的拆装

任　务　目　标

1. 能进行轮胎的规范拆装。

2. 能描述车轮的作用、位置和组成。

3. 能区分车轮与轮辋的类型。

4. 掌握轮胎型号的表示方法(胎侧标志)。

5. 能践行绿色生产、敬业奉献的工匠精神。

→ 必备知识 ────────────────────────

一、车轮的作用、位置和组成

1. 作用

车轮是汽车行驶系统中的重要部件，其作用是：

(1) 支承整车；

(2) 缓和由路面传来的冲击力；

(3) 通过轮胎同路面间存在的附着作用来产生驱动力和制动力；

(4) 汽车转弯行驶时产生平衡离心力的侧抗力，在保证汽车正常转向行驶的同时，通过车轮产生的自动回正力矩，使汽车保持直线行驶；

(5) 承担越障，提高通过性等。

2. 位置

车轮是介于轮胎和车轴之间承受负荷的旋转组件。

3. 组成

车轮由轮毂、轮辋以及这两个元件间的连接部分(轮辐)组成。辐板式车轮的构造由挡圈、轮辋、辐板和气门嘴伸出口组成。辐条式车轮的构造轮辐是钢丝辐条或是和轮辋铸造成一体的铸造辐条。轮辋是在车轮上安装和支承轮胎的部件，轮辐是在车轮上介于车轴和轮辋之间的支承部件。轮辋和轮辐可以是整体式的、永久连接式的或可拆卸式的(图 4-3-1)。

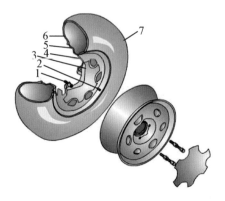

图 4-3-1

1. 车轮螺栓　2. 气门嘴　3. 车轮饰板　4. 轮辐板　5. 轮辋　6. 子午线轮胎　7. 平衡块

二、 车轮与轮辋的类型

1. 车轮的类型

按轮辐的构造分，车轮可分为两种主要形式：辐板式的和辐条式的。按车轴一端安装一个或两个轮胎分，车轮又分为单式车轮和双式车轮。目前，轿车和货车上广泛采用辐板式车轮和辐条式车轮；此外，还有对开式车轮、可反装式车轮、组装轮辋式车轮和可调式车轮。

辐板式车轮由挡圈、辐板、轮辋及气门嘴孔组成。用以连接轮辋和轮毂的圆盘称为辐板。辐板大多是冲压制成的，也有铸造的。(图 4-3-2)

轿车的车轮辐板所用的钢板较薄，常进行冲压，以提高刚度。有些轿车为了减轻车轮的质量和有利于两侧车毂的散热，采用了铝合金铸造加工。

辐条式车轮是钢丝辐条或者是与轮毂铸成一体的铸造辐条，价格昂贵，维修安装不便。铸造辐条式车轮用于装载质量较大的重型汽车。(图 4-3-3)

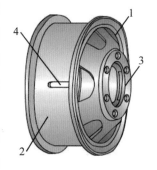

图 4-3-2　辐板式车轮

1. 挡圈　2. 轮辋

3. 辐板　4. 气门嘴伸出口

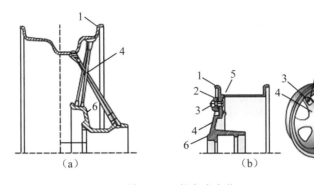

图 4-3-3 辐条式车轮

1. 轮辋 2. 衬块 3. 螺栓 4. 辐条 5. 配合锥面 6. 轮毂

2. 轮辋的类型

轮辋(图 4-3-4)的常见形式主要有两种：深槽轮辋和平底轮辋。此外，还有对开式轮辋、半深槽轮辋、深槽宽轮辋、平底宽轮辋以及全斜底轮辋等。(图 4-3-4)

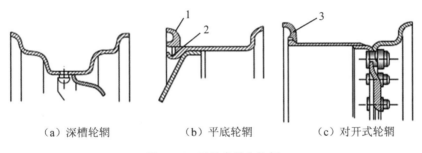

（a）深槽轮辋　　　　（b）平底轮辋　　　　（c）对开式轮辋

图 4-3-4 不同类型的轮辋

1、3. 挡圈 2. 锁圈

(1)深槽轮辋。

深槽轮辋是整体的，其断面中部为一深凹槽，主要用于轿车及轻型越野汽车中。它有带肩的凸缘，用以安放外胎的胎圈，其肩部通常略向中间倾斜，其倾斜角一般是 $5°\pm1°$。倾斜部分的最大直径称为轮胎胎圈与轮辋的折合直径。断面的中部制成深凹槽，以便于外胎的拆装。深槽轮辋的结构简单，刚度大，质量较小，对于小尺寸弹性较大的轮胎最适宜。但是尺寸较大又较硬的轮胎，则很难装进这样的整体轮辋内。

(2)平底轮辋。

平底轮辋的结构形式很多，图 4-3-4(b)展示的是我国货车中常用的一种形式。挡圈(1)是整体的，而用一个开口弹性锁圈(2)来防止挡圈脱出。在安装轮胎时，先将轮胎套在轮辋上，而后套上挡圈，并将它向内推，直至越过轮辋上的环形槽，再将开口的弹性锁圈嵌入环形槽中。东风 EQ1090E 型和解放 CA1091 型汽车的车轮均采用这种形式的轮辋。

（3）对开式轮辋。

对开式轮辋由内、外两部分组成，其内、外轮辋的宽度可以相等，也可以不等，两者用螺栓联成一体。拆装轮胎时，拆卸螺母即可。挡圈（3）是可拆的。有的无挡圈，而由与内轮辋制成一体的轮缘代替挡圈，内轮辋与辐板焊接在一起。东风 EQ2080 和延安 SX2150 型汽车车轮均采用这种形式的轮辋。

由于轮辋是轮胎装配和固定的基础，当轮胎装入不同轮辋时，其变形位置与大小也会发生变化。因此，每一种规格的轮胎，最好配用规定的标准轮辋，必要时也可配用规格与标准轮胎相近的轮辋。如果轮辋选用不当，会造成轮胎早期损坏，特别是使用在过窄的轮辋上时。

近几年来，为了满足提高轮胎负荷能力的需要，人们开始采用宽轮辋。试验表明，采用宽轮辋可以提高轮胎的使用寿命，并可以改善汽车的通过性和行驶稳定性。

三、 轮胎的结构、 标志及表示方法

1. 轮胎的结构（图 4-3-5）

胎面：轮胎与路面接触的厚厚的橡胶层，要求有良好的耐磨性能和耐冲击性能。

轮胎加固层：胎面端部与胎侧上端之间的部分，具有保护胎体和发散行驶时产生的热量的作用。

胎侧：胎肩下端和胎圈之间的橡胶层，有保护胎体的作用。

胎体帘布层：胎面和胎体之间的单层或多层覆胶帘线部分，起黏合胎面和胎体、缓冲外胎所受应力的作用。

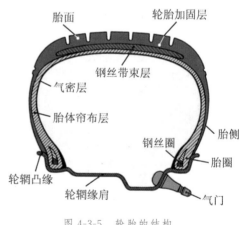

图 4-3-5　轮胎的结构

钢丝带束层：构成轮胎骨架的单层或多层覆胶帘线部分，要求其有良好的耐冲击性能和耐屈挠性能。

胎圈：胎体帘线缠绕其上，与轮辋接合的部位，由胎圈钢丝及橡胶等构成。

气密层：轮胎的内衬层，要求有良好的气密性能。

2. 轮胎胎侧标志

轮胎胎侧标志如图 4-3-6 所示。

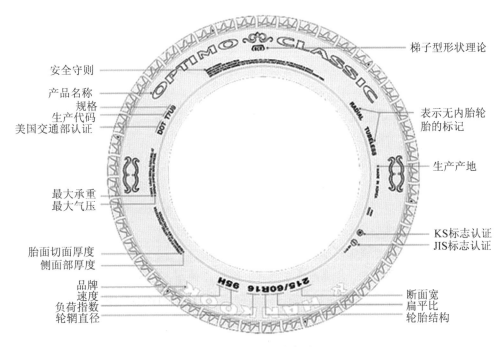

图 4-3-6　轮胎胎侧标志

3. 轮胎型号的表示方法

充气轮胎尺寸目前一般用英制单位，但欧洲国家常用公制单位。高压胎一般用 $D \times B$ 来表示，其中 D 表示轮胎直径的英寸数，B 表示轮胎断面宽度的英寸数。例如，34×7 即表示轮胎外径 D 为 34 英寸（1 英寸≈2.54 cm），断面宽度 B 为 7 英寸。

汽车上常用的是低压胎，其尺寸用 $B - d$ 表示，例如，$9.00 - 20$ 即表示断面宽度 B 为 9英寸，而轮辋直径 d 为 20 英寸。

欧洲国家的低压胎用 $B \times d$ 表示，尺寸单位用毫米。例如，185×400 表示其断面宽度 B为 185 mm，轮辋直径 d 为 400 mm。这种规格的轮胎相当于 $7.50 - 16$ 轮胎。

在国际标准中，轿车轮胎编号表示为断面宽度/(扁平率)(轮胎结构标记号)(适用轮胎直径)(载荷指数)(速度记号)。比如，编号 195/60R1485H 的轮胎，意义如下：

(1)195 表示轮胎断面宽度为 195 mm。

(2)60 表示扁平率，即轮胎断面的高度为宽度的 60%。

(3)R 表示子午线轮胎(另外,还用 D,B 分别表示普通斜交轮胎和带束斜交轮胎)。

(4)14 表示使用轮辋直径为 14 英寸。

(5)85 指载荷指数。

(6)H 是速度标记号,字母由 B 至 U(除 D,H,I,O 外)顺序排列时,最大时速由 50~200 km/h 递增,每级相差 10 km/h。特殊的,D 表示最大时速 65 km/h,而 H 表示最大时速 210 km/h。

→ 任务实施

1. 任务名称

轮胎的拆装。

2. 任务准备

(1)工作场景:理实一体化教室。

(2)主要设备:教学用车、成套组合工具车、多层零件车、轮胎架、工作台、垃圾箱、理论教室、多媒体设备、白板、教学三脚架、扒胎机。

(3)辅助材料:抹布、手套、挂历白纸、白板笔、卡片纸若干、喷胶。

(4)配件准备:润滑油一小盒、毛刷、撬棒。

3. 实施步骤

实施的实施步骤见表 4-3-1。

表 4-3-1　实施步骤

作业内容	图解	技术规范
1. 设备准备		**技术要求** 工具及设备准备应充分。

续表

作业内容	图解	技术规范
2.轮胎放气		技术要求 　1.旋开气门芯,对轮胎进行放气处理。 　2.做好拆装准备。
3.剥离轮胎		技术要求 　1.用扒胎机的挤压片将轮胎剥离轮辋。 　2.工具贴紧轮胎,对准位置,不要对轮辋造成损坏,轮胎外侧及内侧都要剥离,避开气门嘴,不要压坏轮胎的电子装置。
4.放上轮胎机		技术要求 　将轮胎放在轮胎机上,外侧朝上。
5.夹紧轮辋		技术要求 　踩下踏板,夹紧轮辋。

作业内容	图解	技术规范
6. 压低轮胎		技术要求 用滚动的辅助工具压低轮胎。
7. 涂抹润滑脂		技术要求 1. 在轮辋和轮胎边缘涂抹润滑脂。 2. 使用毛刷，涂抹均匀。
8. 放下安装头		技术要求 1. 在轮辋边缘安装防护套。 2. 调整并放下安装头，压在轮辋边缘上，并锁紧。
9. 塞入撬棒并旋转		技术要求 1. 塞入撬棒，翘起上部边缘。 2. 抬起踏板使轮胎安装机旋转。 3. 使用带保护套的撬棒。 4. 翘起位置到位。

作业内容	图解	技术规范
10. 轮胎上部与轮辋分离		**技术要求** 设备旋转后，轮胎上部与轮辋分离。
11. 拆卸轮胎下部		**技术要求** 按照同样的方法拆卸轮胎下部，使整个轮胎分离。
12. 安装轮胎下部		**技术要求** 1. 拆卸后进行装复，将下部轮胎边缘压到安装头下方。 2. 旋转设备。
13. 安装轮胎上部		**技术要求** 1. 用同样的方法安装轮胎上部。 2. 旋转设备。 3. 轮胎装复成功。

续表

作业内容	图解	技术规范
14. 轮胎充气		**技术要求** 安装轮胎后,进行充气。 **易发问题** 充气气压未充至标准胎压。
15. 5S 工作		**技术要求** 1. 收起翼子板布、前格栅布,放到规定位置,盖上发动机舱盖。 2. 收起三件套,丢弃至指定垃圾箱中。 3. 拔出钥匙,锁好车门,钥匙放回指定位置。 4. 清洁车辆、地面及工具。 5. 规范工作,践行绿色生产、敬业奉献的工匠精神。

M.ISSION 4　任务4　车轮动平衡

任 务 目 标

1. 能说出车轮不平衡的危害和原因。
2. 能规范地进行车轮动平衡检测。
3. 能注重安全生产规范，践行绿色生产、敬业奉献的工匠精神。

→ 必备知识

一、 车轮不平衡的危害和原因

1. 车轮不平衡的危害

汽车车轮是旋转构件。如果车轮不平衡，高速行驶时车轮会上下跳动和横向摇摆，不仅会影响汽车的乘坐舒适性，而且会使驾驶员难以控制行驶方向，也会使汽车制动性能变差，影响行车安全。车轮不平衡还会大大增加各部件所受的力，加大轮胎的磨损和行驶噪声等。因此，汽车在使用和维修中必须进行车轮平衡试验和校准。

2. 车轮不平衡的原因

(1)质量分布不均匀。（原因：轮胎产品质量欠佳，翻新胎、补胎、胎面磨损不均匀及在外胎与内胎之间垫带等。）

(2)轮辋、制动鼓变形。

(3)轮毂与轮辋加工质量不佳。（原因：中心不准、轮胎螺栓孔分布不均、螺栓质量不佳等。）

二、 车轮动平衡操作

由于车轮不平衡给汽车带来的危害很大，因此必须对车轮的平衡进行试验，并进行调平衡工作。车轮的不平衡包括静不平衡和动不平衡，由于动平衡的车轮一定处于静平衡状态，故检测了动平衡，就没有必要检测静平衡了。

车轮的动平衡试验有离车式和就车式两种方法。常见的为离车式车轮的动平衡试验。

1. 离车式车轮动平衡机的基本组成

利用离车式车轮动平衡机对车轮进行动平衡检测时，需将车轮从车上拆下。图4-4-1所示为常见的车轮动平衡机。该动平衡机主要由显示与控制面、车轮防护罩、转轴及机箱组成。

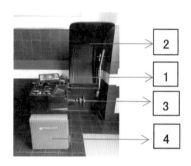

图 4-4-1 车轮动平衡机

1. 显示与控制面 2. 车轮防护罩 3. 转轴 4. 机箱

2. 离车式车轮动平衡机的使用方法及步骤

(1)对被测车轮进行清洗，去掉泥土、砂石等，拆掉旧平衡块；

(2)检查轮胎气压，并充气至规定气压值；

(3)根据轮辋中心孔的大小选择锥体，将车轮安装于平衡机上；

(4)打开电源开关，检查指示装置是否指示正确；

(5)键入轮辋直径、宽度，测出轮辋边缘到机箱之间的距离并键入；

(6)放下防护罩，按下起动键，开始测量；

(7)当车轮自动停转后，从指示装置上读出车轮内、外动不平衡量和位置；

(8)抬起车轮防护罩，用手慢慢旋转车轮，当动平衡机指示装置发出信号时，停止转动车轮；

(9)根据动平衡机显示的动不平衡量，在轮辋内侧或外侧的上部(时钟十二点位置)的边缘加装平衡块(内、外侧要分别进行，平衡块要装卡牢固)；

(10)重新起动动平衡机，进行动平衡试验，直至动不平衡量小于5 g，机器显示"00"或"OK"时为止；

(11)取下车轮，关闭电源，测试结束。

→ **任务实施**

1. 任务名称

车轮动平衡检测。

2. 任务准备

(1)工作场景:理实一体化教室。

(2)主要设备:史丹利工具、轿车轮胎、离车式车轮动平衡机、毛刷、清洁用抹布、轮胎夹杂物取出工具、多媒体教学设备。

(3)辅助材料:手套、白板笔、卡片纸若干、喷胶。

3. 实施步骤

任务的实施步骤见表 4-4-1。

表 4-4-1 实施步骤

作业内容	图解	技术规范
1. 设备准备		**技术要求** 准备好进行车轮动平衡检测的相关设备。
2. 检查面板指示是否正常		**技术要求** 检查仪表灯与控制面板是否指示正常。

作业内容	图解	技术规范
3. 检查轮胎气压		**技术要求** 清除泥土与石子，按要求使用胎压表检查轮胎气压。
4. 拧紧轮胎		**技术要求** 将轮胎装至动平衡机的转轴上，再用大螺距螺母上紧。
5. 测量轮辋边缘至机箱距离		**技术要求** 1. 用平衡机上的标尺检查轮辋边缘至机箱距离。 2. 使用前检查标尺是否正常。
6. 测量轮辋直径和宽度		**技术要求** 用专业卡尺测量轮辋直径和宽度。

作业内容	图解	技术规范
7. 输入测量数值		**技术要求** 将所测得的数值输入动平衡检测仪器中。
8. 按下启动键		**技术要求** 按下启动键使车轮旋转，开始动平衡检测。
9. 记录车轮内、外部平衡情况		**技术要求** 读取车轮内、外部平衡量及位置并记录在册。
10. 加装平衡块		**技术要求** 1. 在轮辋内侧或外侧上部加装平衡块。 2. 使用专用工具加装。

作业内容	图解	技术规范
11. 重新进行检测		**技术要求** 进行第二次动平衡测验。
12. 直至机器显示"00"或 OK 为止		**技术要求** 直至显示平衡量小于 5 g，或者显示"00"，或者"OK"为止。
13.5S 工作		**技术要求** 1. 收起翼子板布、前格栅布，放到规定位置，盖上发动机舱盖。 2. 收起三件套，丢弃至指定垃圾箱中。 3. 拔出钥匙，锁好车门，钥匙放回指定位置。 4. 清洁车辆、地面及工具。 5. 安全规范工作，践行绿色生产、敬业奉献的工匠精神。

MISSION 5　车轮定位

任　务　目　标

1. 能说出车轮定位的定义。

2. 能描述车轮定位的作用。

3. 能区分出车轮定位的时机。

4. 能说出车轮定位的主要参数。

5. 能分析影响车轮定位的主要因素。

6. 会规范地进行车轮定位。

7. 能规范工作，践行生命至上、绿色生产、敬业奉献的工匠精神。

➔ **必备知识**

一、车轮定位的定义

车轮定位是以车辆的四轮参数为依据，通过调整来确保车辆拥有良好的行驶性能并具备一定的可靠性。

现代汽车的车轮定位是指车轮、悬架系统元件以及转向系统元件安装在车架（或车身）上的几何角度与尺寸须符合一定的要求，以保证汽车行驶的稳定性和安全性，减少汽车的磨损和油耗。

二、车轮定位的作用

(1)增加行驶安全。

(2)直行时转向盘正直。

(3)转向后转向盘自动回正。

(4)减少汽油消耗。

(5)减少轮胎磨损。

(6)维持直线行车。

(7)增加驾驶控制感。

(8)降低悬挂配件磨损。

三、 什么时候做车轮定位

(1)汽车年检前。

(2)新车行驶达 3 000 km 时。

(3)每半年或车辆行驶达 10 000 km 时。

(4)更换或调整轮胎、悬架(挂)或转向系统有关配件后。

(5)直行时转向盘不正。

(6)直行时车辆往左或往右拉。

(7)车辆转向时,转向盘太重或无法自动回正。

(8)行驶时感觉车身摇摆不定或有飘浮感。

(9)轮胎不正常磨损,如前轮或后轮单轮磨损。

(10)碰撞事故车维修后。

当车辆使用很长时间后,驾驶员发现转向盘转向沉重、发抖、跑偏、不正、不归位或者轮胎有单边磨损、波状磨损、块状磨损、偏磨等不正常磨损时,以及驾驶员驾驶时,车感漂浮、颠簸、摇摆等,就应该考虑检查一下车轮定位值,看看是否偏差太多,若是则需及时进行修理。

四、 车轮定位的主要参数

车轮定位的主要参数见表 4-5-1。

表 4-5-1　车轮定位的主要参数

参数	示意图	参数的定义及作用
前束		定义:从汽车的正上方向下看,轮胎的中心线与汽车的纵向轴线之间的夹角称为前束角。 作用:消除车轮外倾造成的不良后果,减轻轮毂外轴承的压力和轮胎的磨损。

续表

参数	示意图	参数的定义及作用
外倾		定义：从汽车正前方看，汽车车轮的顶端向内或向外倾斜一个角度，称为车轮的外倾。 作用：增加汽车直线行驶的安全性。
主销后倾		定义：在纵向垂直平面内，主销轴线与垂线之间的夹角，称为主销后倾角。 作用：当汽车直线行驶偶然受外力作用而稍有偏转时，主销后倾将产生车轮转向反方向的力矩使车轮自动回正，可保证汽车直线行驶的稳定性。
主销内倾角		定义：从汽车的正前方看，主销（或转向轴线）的上端略向内倾斜一个角度，称为主销内倾。 作用：使车轮在受外力偏离直线行驶时，前轮会在侧轮作用下自动回正；还可减少前轮传至转向机构的冲击，并使转向轻便。

五、 影响车轮定位的主要因素

（1）在不平的路面上高速行驶。

（2）前轮受外力冲击，上人行道台阶等。

（3）经常在原地打死方向。

（4）轮胎气压超出标准范围。

> **任务实施**

1. 任务名称

车轮定位。

2. 任务准备

（1）工作场景：理实一体化教室。

（2）主要设备：带举升机的工位、教学用车、车轮定位仪、全套车轮定位工具。

（3）辅助设备：抹布、手套、手电筒、工具车、通用工具、刹车锁、转向盘锁、白板笔、卡片纸若干、喷胶。

（4）配件准备：三件套。

3. 实施步骤

任务的实施步骤见表4-5-2。

表 4-5-2　实施步骤

作业内容	图解	技术规范
1. 检查车身是否水平		**技术要求** 1. 先站在车辆侧面，水平目视前方看是否倾斜。 2. 再站在车辆前、后侧，水平目视前方看是否倾斜。 3. 利用手势感觉车身前、后的水平状态。

续表

作业内容	图解	技术规范
2. 检查车辆停放是否周正		**技术要求** 1. 在车的前部下蹲，利用手势进行目测，检查车辆在举升机上停放得是否周正。 2. 用同样的方法检查车辆后部停放是否周正。
3. 检查轮胎中心是否对正		**技术要求** 1. 在车辆前轮处下蹲进行目测，检查车轮是否在转角盘中心（左前轮和右前轮相同）。 2. 用同样的方法检查后轮是否对正。
4. 检查转角盘(滑板)销		**技术要求** 1. 用手触动销子，无松动即处于锁止状态。 2. 检查应仔细、认真。 3. 每个轮胎下方的销子均要检查。
5. 记录相关信息		**技术要求** 找到并记录 VIN 码、车辆型号、生产日期、标准胎压、轮胎型号。

续表

作业内容	图解	技术规范
6. 安装三件套	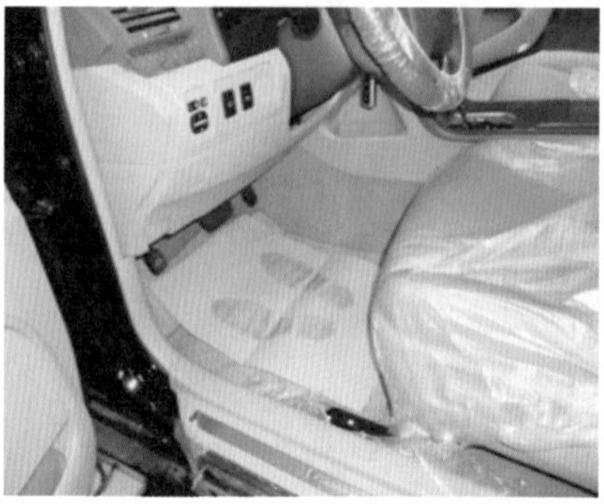	**技术要求** 1. 安装转向盘套、座椅套和地板垫。 2. 小心不要撕坏了，具体位置如图。 3. 车钥匙拨到 ON 挡，做好工作准备。
7. 输入相关信息		**技术要求** 1. 在计算机页面里找到"客户选择"。 2. 进入"客户选择"，在"当期维修单信息"中输入相关信息。
8. 检查轮胎	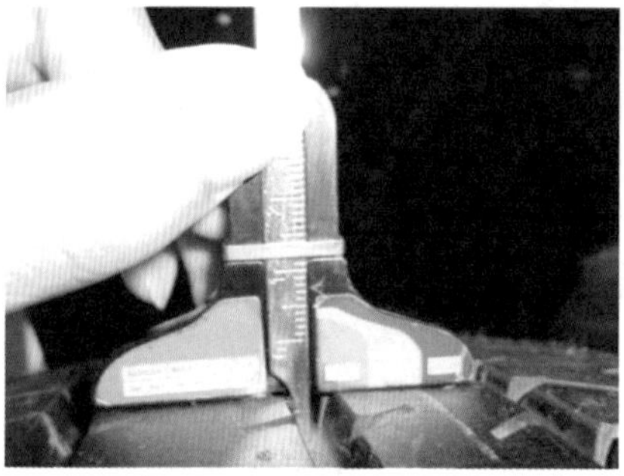	**技术要求** 1. 操作人员目视检查轮胎花纹是否一致，目视检查轮胎基本状况。 2. 使用深度规测量轮胎花纹深度。 3. 使用胎压表测量轮胎胎压，目视检查轮辋是否变形。
9. 在数据库中找到车型		**技术要求** 按照学号操作。

续表

作业内容	图解	技术规范
10. 检查备胎及车辆是否空载		**技术要求** 　1. 备胎要检查是否拧紧，放在后备厢中。 　2. 车辆此时应空载。
11. 检查车身是否有撞击痕迹		**技术要求** 　1. 目视车身前部及后部有无严重撞击变形。 　2. 用手势表示观察状态。
12. 输入相关信息		**技术要求** 　在车辆状况表中输入轮胎花纹深度及相关信息。
13. 举升车辆		**技术要求** 　1. 举升前要大声提醒周围人员，举升到合适位置时，要按下"锁止"键才能进行底查。 　2. 举升规范，符合安全规程。
14. 检查横拉杆球头		**技术要求** 　1. 检查左（右）前横拉杆球头是否松动。 　2. 检查时用灯光照明。

作业内容	图解	技术规范
15. 检查横拉杆		**技术要求** 1. 检查横拉杆有无弯曲和损坏。 2. 检查时使用手电筒照明。
16. 检查防尘套		**技术要求** 1. 检查防尘套是否开裂或撕破。 2. 附加检查夹箍是否有移位。
17. 检查转向节		**技术要求** 1. 检查转向节是否损坏。 2. 检查时使用手电筒照明。
18. 检查前稳定杆连杆		**技术要求** 1. 检查前稳定杆连杆有无弯曲或损坏。 2. 检查时使用手电筒照明。

续表

作业内容	图解	技术规范
19. 检查前稳定杆		**技术要求** 1. 检查前稳定杆有无弯曲或损坏。 2. 检查时使用手电筒照明。
20. 检查悬架臂		**技术要求** 1. 检查悬架臂是否损坏。 2. 检查时使用手电筒照明。
21. 检查下球节		**技术要求** 　检查下球节是否损坏，橡胶部位是否有裂纹、老化、脱落、撕裂等现象。
22. 检查后稳定杆连杆		**技术要求** 　检查后稳定杆连杆是否变形、损坏。

作业内容	图解	技术规范
23. 检查后支撑杆		**技术要求** 1. 检查后支撑杆是否变形、损坏。 2. 检查时使用手电筒照明。
24. 检查2号后悬架臂		**技术要求** 1. 检查2号后悬架臂是否变形、损坏。 2. 检查时使用手电筒照明。
25. 检查1号后悬架臂		**技术要求** 1. 检查1号后悬架臂是否变形、损坏。 2. 检查时使用手电筒照明。
26. 降低举升平台		**技术要求** 降低举升平台，到最低落锁位置落锁。

续表

作业内容	图解	技术规范
27. 安装车轮卡具及传感器		**技术要求** 　　正确安装卡具及传感器：与轮辋要紧密贴实，避免出现间隙（四个车轮依次安装）。
28. 安装传感器电缆		**技术要求** 　1. 正确连接电缆。 　2. 四个传感器都要连接电缆。 　3. 电缆接孔不要接错。
29. 放置后车轮挡块		**技术要求** 　1. 左右挡块安放位置到位。 　2. 遵守操作规程，放置后进行复查。
30. 置于空挡释放驻车制动器		**技术要求** 　　此教学用车的驻车制动器为脚踩式的，位于驾驶员左脚的地方。

157

续表

作业内容	图解	技术规范
31. 放置垫块		**技术要求** 1. 放置二次举升右侧支撑垫块。 2. 垫块要位于底盘处的加强筋正下方。 3. 遵守安全操作规则，要进行检查。
32. 升起举升机小剪		**技术要求** 升起举升机小剪，使车轮离开举升机10 cm左右，充分悬空，以便进行轮毂补偿。
33. 前轮轮毂补偿		**技术要求** 左右车轮都要做，每次的车轮偏位补偿都要旋转90°，选装方向均"由后往前"旋转，前部两个车轮要分别进行偏位补偿，一侧进行补偿操作时，另一侧要扶住车轮，防止转动。
34. 完成前部车轮的补偿值计算		**技术要求** 1. 完成前部车轮的补偿值计算。 2. 补偿值的计算由最后操作的学员完成。

续表

作业内容	图解	技术规范
35. 后轮轮毂补偿		**技术要求** 每次的车轮偏位补偿都要旋转 90°，选装方向均"由后往前"旋转，后部车轮可同时进行偏位补偿操作
36. 后部车轮的补偿值计算		**技术要求** 1. 完成后部车轮的补偿值计算。 2. 数据应正确。
37. 拔出前固定销		**技术要求** 拔出左（右）前轮转盘固定销并放好。
38. 拔出后滑板固定销		**技术要求** 拔出左（右）后轮后滑板固定销并放好。

作业内容	图解	技术规范
39. 举升机小剪回位		**技术要求** 1. 举升机小剪缓慢回落到位。 2. 遵守安全操作规则。
40. 移开后轮挡块		**技术要求** 1. 移开后轮挡块。 2. 将挡块放回工具架上。
41. 检查前轮落点		**技术要求** 1. 检查前轮是否落在转盘中心。 2. 左、右前轮都要检查。
42. 检查后轮落点		**技术要求** 1. 检查后轮是否落在后滑板的正确位置上。 2. 左、右后轮均要检查。

作业内容	图解	技术规范
43. 实施驻车制动		**技术要求** 实施驻车制动。
44. 按动车辆前(后)部		**技术要求** 按动车辆前(后)部使减振器复位。
45. 使用刹车锁刹车		**技术要求** 调整好刹车锁位置,前部顶在制动踏板上,后部卡在座椅上。
46. 转动转向盘使车轮方向对中		**技术要求** 转动转向盘使车轮方向对中。

续表

作业内容	图解	技术规范
47. 按照提示调节传感器水平	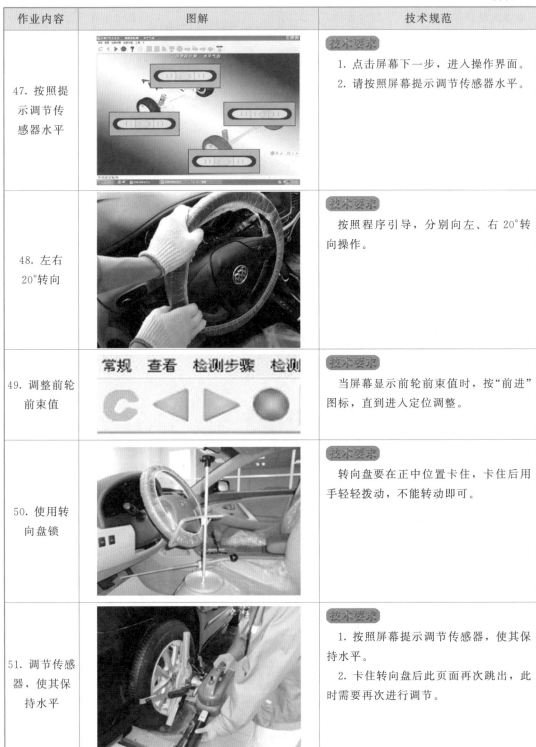	**技术要求** 1. 点击屏幕下一步，进入操作界面。 2. 请按照屏幕提示调节传感器水平。
48. 左右20°转向		**技术要求** 按照程序引导，分别向左、右20°转向操作。
49. 调整前轮前束值		**技术要求** 当屏幕显示前轮前束值时，按"前进"图标，直到进入定位调整。
50. 使用转向盘锁		**技术要求** 转向盘要在正中位置卡住，卡住后用手轻轻拨动，不能转动即可。
51. 调节传感器，使其保持水平		**技术要求** 1. 按照屏幕提示调节传感器，使其保持水平。 2. 卡住转向盘后此页面再次跳出，此时需要再次进行调节。

续表

作业内容	图解	技术规范
52. 重新对中，锁住转向盘		技术要求 　　当屏幕显示后轮数据时，后退一步程序查看转向盘是否按照屏幕对中，如偏出，则需要再次调整转向盘，重新对中锁住转向盘。
53. 举升车辆		技术要求 　　1. 操作举升机，升高到适合调整的位置并落安全锁。 　　2. 升到最高位之后要按下"锁止"键，方可进行底盘操作。
54. 显示后轮前束值		技术要求 　　当屏幕显示后轮前束值时，测得后轴数据合格。
55. 屏幕显示外倾角和前束数值		技术要求 　　按"前进"图标，直到屏幕显示前轴外倾角和前束数值画面。

续表

作业内容	图解	技术规范
56. 测前轴两侧外倾角数据		**技术要求** 测得前轴两侧外倾角数据合格。
57. 松开左侧拉杆锁紧螺母		**技术要求** 1. 19♯开口扳手、19♯管扳手配合使用。 2. 19♯开口扳手卡住横拉杆扁平位置,19♯管扳手卡住横拉杆锁止螺母后旋松。
58. 松开右侧拉杆锁紧螺母		**技术要求** 1. 19♯开口扳手、19♯管扳手配合使用。 2. 19♯开口扳手卡住横拉杆扁平位置,19♯管扳手卡住横拉杆锁止螺母后旋松。
59. 调整左侧单轮前束值,使其在公差范围内		**技术要求** 直到屏幕以绿色画面为主,此时左侧单轮前束值在公差范围内。

作业内容	图解	技术规范
60. 调整右侧单轮前束值，使其在公差范围内		技术要求 　　直到屏幕以绿色画面为主，此时右侧单轮前速值在公差范围之内。
61. 规定力矩上紧拉杆		技术要求 　　1. 选用扭力扳手、19#开口扳手。 　　2. 力矩：45 N·m。
62. 调整前轮前束并降低大剪		技术要求 　　前轮前束调整完毕后，降低大剪举升平台，到最低落锁位置落锁。
63. 取下转向盘锁		技术要求 　　取下转向盘锁。

续表

作业内容	图解	技术规范
64. 检查刹车锁	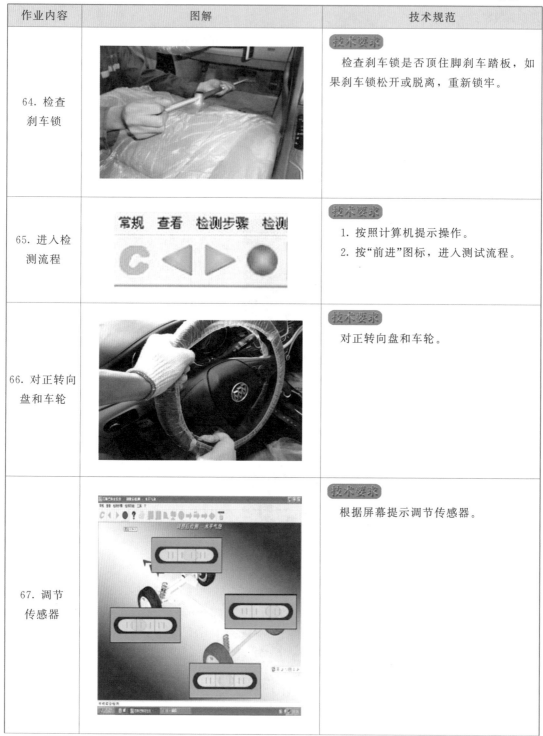	**技术要求** 检查刹车锁是否顶住脚刹车踏板，如果刹车锁松开或脱离，重新锁牢。
65. 进入检测流程	常规 查看 检测步骤 检测	**技术要求** 1. 按照计算机提示操作。 2. 按"前进"图标，进入测试流程。
66. 对正转向盘和车轮		**技术要求** 对正转向盘和车轮。
67. 调节传感器		**技术要求** 根据屏幕提示调节传感器。

作业内容	图解	技术规范
68. 按照程序引导 20°转向		**技术要求** 按照程序引导，分别向左、右 20°转向。
69. 屏幕显示检测报告		**技术要求** 当屏幕显示前轮前束值时，按"前进"图标，屏幕显示检测报告。
70. 打印		**技术要求** 打印车辆状况和检测的报表。
71. 取下传感器电缆		**技术要求** 1. 不能出现缠绕现象。 2. 四根电缆都要取下。

作业内容	图解	技术规范
72. 取下左前部传感器		**技术要求** 1. 观察充电指示灯是否点亮。 2. 确认安放位置正确。 3. 关掉后再取下传感器。
73. 将前轮转角盘固定销插入		**技术要求** 1. 将前轮转角盘固定销插入。 2. 左、右前轮均如此操作。
74. 将后轮滑板固定销插入		**技术要求** 1. 将后轮滑板固定销插入。 2. 左、右后轮均要插入滑板固定销。
75. 举升机小剪缓慢回落		**技术要求** 1. 举升机小剪缓慢回落,完全回位。 2. 遵守安全操作规则。

续表

作业内容	图解	技术规范
76. 拆除刹车锁		**技术要求** 1. 拆除刹车锁并放至规定位置。 2. 不要擦碰到车身。
77. 拆下卡具		**技术要求** 1. 卡具归位。 2. 四个卡具都要拆除，放置好。
78. 回收挡块		**技术要求** 1. 整理好挡块，并放置在卡具车下面。 2. 左、右挡块均如此放置。
79. 举升机大剪回位		**技术要求** 1. 降低大剪，回到规定位置。 2. 遵守安全操作规则。

续表

作业内容	图解	技术规范
80.5S 工作		**技术要求** 1. 收起翼子板布、前格栅布，放到规定位置，盖上发动机舱盖。 2. 收起三件套，丢弃至指定垃圾箱中。 3. 拔出钥匙，锁好车门，钥匙放回指定位置。 4. 清洁车辆、地面及工具。 5. 安全规范工作，践行生命至上、绿色生产、敬业奉献的工匠精神。

项目 **5**
PROJECT

制动系统的构造与检修

随着我国汽车工业的发展和人们生活水平的提高，汽车作为一种代步工具，其安全性和舒适性越来越受到人们的重视。在汽车安全系统中，汽车制动系统起着最重要的作用。一名合格的汽车运用与维修专业的学生必须要掌握汽车制动系统检修与维护的基本知识和基本技能。

制动系统的构造与维修的学习内容主要包括制动系统的认识、盘式制动器的检修、鼓式制动器的检修、驻车制动器的检修、制动液的更换、防抱死制动系统的检修六项内容。

通过本项目的学习，学生要在知识、技能、行为习惯、职业素养等方面达到以下相应要求。

序号	学习内容（知识、技能、行为习惯、职业素养等）	评价标准			
		了解知道	理解掌握	指导下操作	独立操作
1	制动系统的认识	√			
2	盘式制动器的检修				√
3	鼓式制动器的检修				√
4	驻车制动器的检修				√
5	制动液的更换			√	
6	防抱死制动系统的检修			√	

M.ission 任务 1 制动系统的认识

任 务 目 标

1. 能描述制动系统的作用。
2. 会区分不同类型的制动系统。
3. 能描述制动系统的组成。
4. 能阐述制动系统的工作原理。
5. 能在整车上识别制动系统的重要组件。

→ 必备知识 ────────────────────────────

　　汽车制动系统是汽车的重要组成部分,涉及车辆的行驶安全,该部分是汽车检查和维护的重点。

一、 制动系统的作用

　　汽车制动系统是强制车轮减速或停止转动的装置。制动系统的作用是:根据需要使汽车减速或在最短的距离内停车;下坡行驶时保持车速稳定;使停驶的汽车可靠驻停。

　　当汽车行驶在宽阔平坦、车流和人流较少的道路上时,驾驶员可以通过高速行驶提高运输生产效率。但汽车行驶过程中也会遇到复杂多变的路面状况,如进入弯道、行经不平道路、两车交会、突遇障碍物等,为了保证汽车行驶安全,这就要求汽车在尽可能短的距离内降低车速,甚至停车。

　　此外,在汽车长下坡的时候,在由于重力产生的下滑力的作用下,汽车有不断加速的趋势,此时应将车速限定在安全范围内,并保持相对稳定;对于停驶的车辆,特别是在坡道上停驶的汽车,应使其可靠地驻留原地不动。

二、 制动系统的类型

1. 按制动系统的作用分

　　行车制动系统:使行驶中的汽车降低速度甚至停车的一套专门装置(图5-1-1)。它是由驾驶员用脚来操纵的,习惯上被称为脚刹。

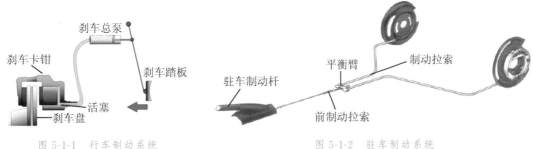

图 5-1-1　行车制动系统　　　　　　图 5-1-2　驻车制动系统

驻车制动系统：使已停驶的汽车驻留原地不动的一套装置（图 5-1-2）。它通常是由驾驶员的手来操纵的，习惯上被称为手刹。

2. 按制动系统的制动能源分

人力制动系统：以驾驶员的肌体为唯一制动能源的制动系统。

动力制动系统：完全依靠发动机动力转化成的气压或液压进行制动的制动系统。

伺服制动系统：兼用人力和发动机动力进行制动的制动系统。

按照制动能量的传输方式的，制动系统又可分为机械式的、液压式的、气压式的和电磁式的等。同时采用两种传能方式的制动系统可称为组合式制动系统，如气顶液制动系统。

目前所有汽车都采用双回路制动系统，如轿车的左前轮和右后轮共用一条制动回路、右前轮和左后轮共用另一条制动回路，当一个回路失效时，另一个回路仍能工作，可有效提高汽车的行车安全性。

三、　制动系统的基本组成

汽车上设置有彼此独立的制动系统（图 5-1-3），它们起作用的时刻不同，但它们的组成却是相似的，一般有以下四个组成部分。

1. 供能装置

供能装置包括供给、调节制动所需能量以及改善传能介质状态的各种部件，如气压制动系统中的空气压缩机、液压制动系统中的人的肌体。

2. 控制装置

控制装置包括产生制动动作和控制制动效果的各种部件，如制动踏板等。

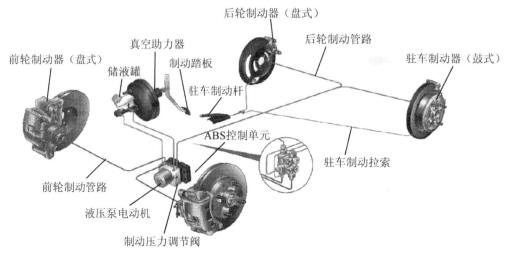

图 5-1-3　制动系统的结构

3. 传动装置

传动装置将驾驶员或其他动力源的作用力传到制动器，同时控制制动器的工作，从而获得所需的制动力矩，包括将制动能量传输到制动器的各个部件，如制动主缸、制动轮缸等。

4. 制动器

制动器是制动系统中用以产生阻碍车辆的运动或运动趋势的力（制动力）的部件。目前，各类汽车所用的摩擦制动器可分为鼓式制动器和盘式制动器两大类（表 5-1-1）。

表 5-1-1　制动器的分类

类型	示意图	特点
鼓式制动器		优点：制动鼓与制动蹄的接触面积大，制动力大。 缺点：由于制动蹄、鼓处于封闭状态，散热性差，不适于高速及长时间连续制动； 制动蹄摩擦片浸水后，制动效果也会明显下降。

续表

类型	示意图	特点
盘式制动器		优点：制动效能稳定； 浸水后制动效能降低较少； 尺寸和质量较小； 制动盘沿厚度方向的热膨胀量小。 缺点：制动时易产生噪声，无自动增力功能。

较为完善的制动系统还包括制动力调节装置、报警装置、压力保护装置等。

四、 制动系统的工作原理

制动的基本原理是利用与车身相连的非旋转部件和与车轮相连的旋转部件之间的相互摩擦来阻止车轮的转动或转动的趋势。旋转部件和非旋转部件需要有摩擦力才能使车轮转动或减慢、停止，同时轮胎与地面也需要有摩擦才能使运动中的汽车减速或停止。

制动器中的制动盘(或制动鼓)与车轮一起转动，为旋转部件；制动片(或制动蹄)与悬架相对固定，为非旋转部件。如图 5-1-4 所示，当制动系统不工作时，制动片(或制动蹄)与制动盘(或制动鼓)之间保持一定的间隙，使车轮自由旋转；制动时，驾驶员施加在制动踏板上的作用力经真空助力器放大后由液压系统传递给各个车轮制动器，使制动片(或制动蹄)与制动盘(或制动鼓)之间相互作用，产生摩擦力，降低车轮转速，同时轮胎与地面的摩擦保证了汽车减速或停止。

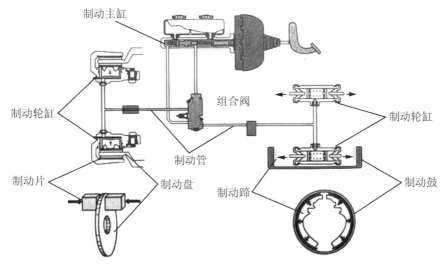

图 5-1-4 汽车制动系统的原理

→ **任务实施**

1. 任务名称

能在整车上识别制动系统的重要组件。

2. 任务准备

(1)工作场景:理实一体化教室。

(2)主要设备:教学用车、举升机、手电筒。

(3)辅助设备:三件套、抹布、手套、白板、卡片纸、双面胶等。

3. 实施步骤

任务的实施步骤见表5-1-2。

表 5-1-2　实施步骤

作业内容	图解	技术规范
1. 找到制动踏板	制动踏板	**技术要求** 1. 分清哪个是制动踏板。 2. 踏下制动踏板,看能否踏到底,是否有异响和松动。 3. 安装车辆挡块。
2. 找到驻车制动杆	驻车制动杆	**技术要求** 1. 在车上找到驻车制动杆。 2. 拉紧或放松驻车制动杆,感受其驻车制动性能。

续表

作业内容	图解	技术规范
3. 认识制动储液罐		**技术要求** 1. 分清哪个是制动储液罐。 2. 检查制动液液位，观察制动液的颜色。
4. 认识制动主缸		**技术要求** 1. 找到制动主缸的安装位置。 2. 认知制动主缸的外形结构。
5. 认识真空助力器		**技术要求** 1. 找到真空助力器的安装位置。 2. 认识真空助力器的结构。 3. 检验真空助力器的工作情况，起动发动机，制动踏板应能自动下沉，否则则认为真空助力器未正常工作。
6. 认识车轮制动器		**技术要求** 1. 观察前、后轮制动器安装位置。 2. 指出制动器的类型。 3. 认识制动器的主要组成结构。

作业内容	图解	技术规范
7. 认识制动管路		**技术要求** 1. 分清哪些管路是制动管路。 2. 识别制动管路的布置形式。 3. 观察制动管路有无损坏、变形、凹陷、锈蚀等。

盘式制动器的检修

➜ 必备知识

一、盘式制动器的组成

盘式制动器可以用于前轮，也可以用于后轮，它主要是由旋转元件（制动盘）、制动片和固定元件（制动钳）等部分组成（图 5-2-1）。

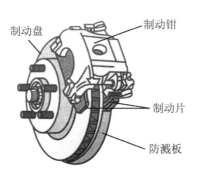

图 5-2-1　盘式制动器的结构

当施加制动力时，制动踏板上的作用力经助力器助力放大后传递到制动主缸；制动主缸产生高液压压力，并通过制动管和软管传递给盘式制动器中的液压活塞。在液压压力的作用下，液压活塞推动制动片压紧在制动盘上（图 5-2-2），制动片与制动盘之间的摩擦力迫使制动盘的盘式制动器的转速下降，从而降低车速，最终使车辆停止行驶。当解除制动力时，液压下降，活塞回位，制动片与制动盘分离，两者间的摩擦力消失（图 5-2-3）。

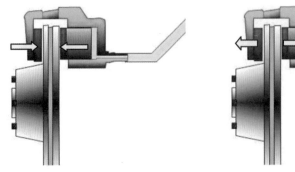

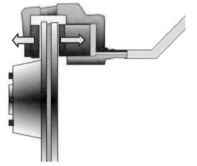

图 5-2-2　施加制动力　　　　　图 5-2-3　释放制动力

二、 盘式制动器的类型

盘式制动器按制动钳固定在支架上的结构形式分，可分为定钳盘式制动器和浮钳盘式制动器(图 5-2-4、图 5-2-5)。

图 5-2-4　定钳盘式制动器　　　　　图 5-2-5　浮钳盘式制动器

1. 定钳盘式制动器

定钳盘式制动器固定在悬挂装置上(图 5-2-6)，钳体在制动过程中保持不动，钳体的两侧分别有活塞，并采用密封圈密封。活塞与制动盘之间装有摩擦片，且制动片与制动钳体之间采用定位销定位。制动时，制动液被压入内外两油缸中，在液压作用下两活塞带动两侧制动块相向移动，压紧制动盘，产生制动力。在活塞移动的过程中，矩形橡胶密封圈的刃边在活塞摩擦力的作用下随活塞移动而产生微小的弹性变形。

解除制动时，活塞和制动块依靠矩形橡胶密封圈的弹力回位。由于矩形密封圈的刃边变形量很小，在不制动时，制动块摩擦片与制动盘之间的间隙每边都只有 0.1 mm 左右，以保证解除制动。

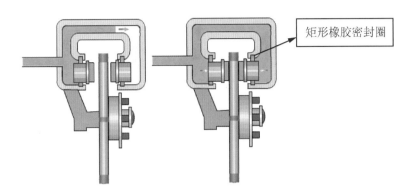

图 5-2-6　定钳盘式制动器

2. 浮钳盘式制动器

浮钳盘式制动器制动钳由支架和钳体两部分组成（图 5-2-7）。支架紧固在悬架部件上，钳体通过导向销连接在支架上，并可以沿导向销左右滑动。制动时，活塞在制动液的液压作用下推动内制动块压向制动盘内端面，同时制动钳上的反力推动制动钳沿定位导向销移动，使外制动块也压靠在制动盘上，产生制动力，于是制动盘两边都被紧紧抱住，使其停止转动，从而实现制动。

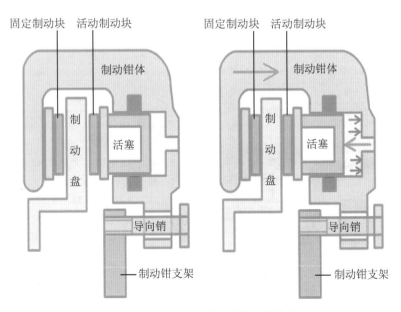

图 5-2-7　浮钳盘式制动器的工作原理

前轮制动器的制动间隙由轮缸活塞上的橡胶密封圈变形来实现。当制动时，活塞移动，密封圈变形；制动结束，活塞即在密封圈的弹性作用下回到原位。若制动盘和制动块之间产生了过量间隙，则活塞将相对于密封圈滑移，借此实现适量间隙。解除制动时，橡胶套所释放出来的弹力有助于外侧制动块离开制动盘。活塞密封圈在制动时变形，解除制动时就恢复原状，使活塞回位。

→ **任务实施**

1. 任务名称

盘式制动器的检修。

2. 任务准备

（1）工作场景：理实一体化教室。

（2）主要设备：教学用车、组合工具车、直尺、百分表、磁性表座、S形挂钩、预制式扭力扳手、0～25 mm和25～50 mm的外径千分尺各一把。

（3）辅助耗材：车轮挡块、翼子板布、前格栅布、三件套、抹布若干、制动系统清洁剂。

（4）配件耗材：摩擦片、润滑脂。

3. 实施步骤

任务的实施步骤见表5-2-1。

表 5-2-1　实施步骤

作业内容	图解	技术规范
1. 车辆防护		**技术要求** 1. 车辆位于举升机位的正常举升初始位置。 2. 安装车轮挡块。 3. 拉紧驻车制动器。 4. 安装三件套。

续表

作业内容	图解	技术规范
2. 将车辆举升至合适高度		**技术要求** 1. 举升过程中，两人大声呼应。 2. 检查车身支承情况。 3. 将车辆举升到合适高度。 4. 检查举升机是否安全锁止。
3. 检查车轮制动器拖滞情况		**技术要求** 1. 双手旋转车轮。 2. 按轮胎旋转方向，旋转一周，检查是否有阻力。 3. 倾听是否有异常噪声。
4. 拆卸车轮(1)——气动扳手的使用		**技术要求** 1. 安装气管。 2. 检查挡位。 3. 检查旋向。 4. 安装套筒。
5. 拆卸车轮(2)——卸下车轮螺栓		**技术要求** 1. 一人双手上下扶住车轮。 2. 另一人使用气动扳手对角拆卸螺栓。 3. 卸下车轮。

作业内容	图解	技术规范
6. 拆卸制动卡钳导销螺栓		**技术要求** 1. 右手拿 18 号扳手,同时左手拿 10 号扳手。 2. 两手配合使用,拆下钳体螺栓。
7. 挂上制动钳体		**技术要求** 1. 不断开液压制动器挠性软管。 2. 用 S 形钩把制动钳体挂在螺旋弹簧上。
8. 卸下摩擦片		**技术要求** 1. 双手卸下两个摩擦片。 2. 双手不接触摩擦面。
9. 取下摩擦片固定弹簧		**技术要求** 从制动卡钳支架上取下固定弹簧。
10. 检查制动分泵的泄漏情况		**技术要求** 1. 佩戴手套配合手电筒检查。 2. 接头处需触摸检查泄漏情况。 3. 检查管路卡箍是否脱落、分离。

续表

作业内容	图解	技术规范
11. 检查制动钳导销	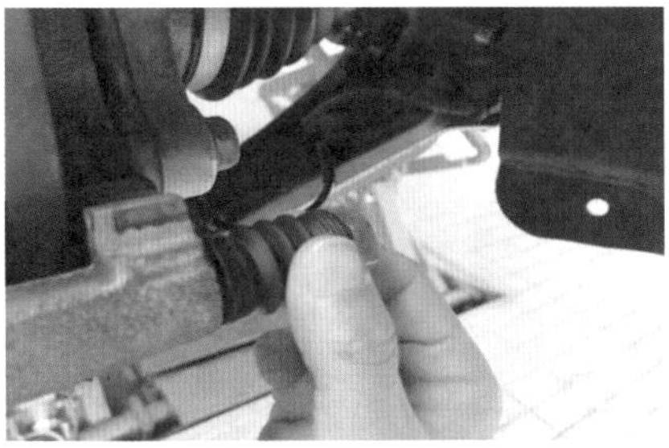	技术要求 　1. 在支架孔内，里外移动导销，查看制动钳导销移动是否受限。 　2. 检查制动钳托架是否松动。 　3. 检查制动钳导销是否卡死或卡滞。 　4. 检查护套是否开裂或破损。 　5. 如有上述任何状况，则需要更换制动钳导销或护套。
12. 清洁摩擦片	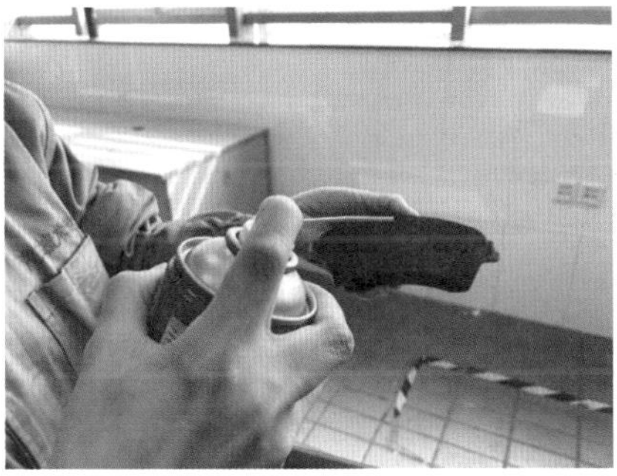	技术要求 　1. 用专用清洁剂清洁摩擦片表面。 　2. 用抹布将多余的清洁剂擦拭干净。
13. 测量摩擦片厚度	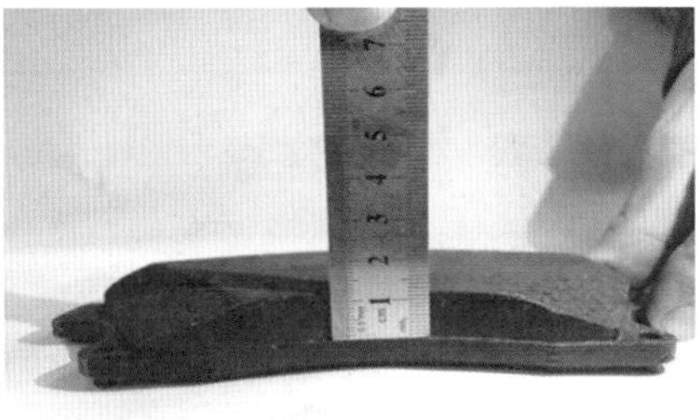	技术要求 　1. 清洁表面，目视摩擦片有无不均匀磨损。 　2. 左手水平拖住摩擦片，右手用直尺垂直测量。 　3. 测量内侧两个位置的厚度（磨损极限 2 mm）。
14. 组装磁性表座	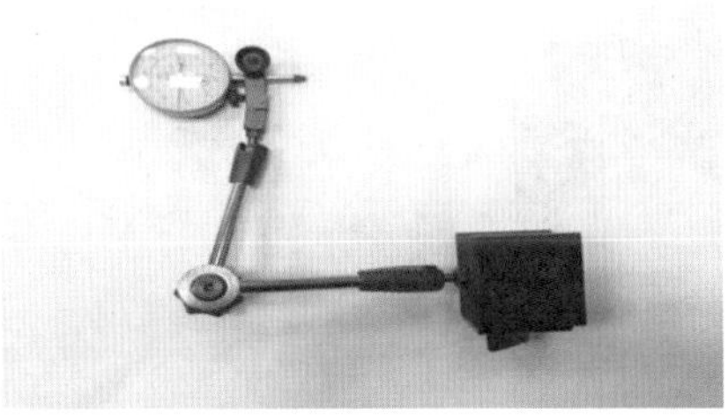	技术要求 　正确安装，如左图所示。

185

作业内容	图解	技术规范
15. 清洁转子盘		**技术要求** 1. 用专用清洁剂清洁摩擦片表面。 2. 用抹布将多余的清洁剂擦拭干净。
16. 安装车轮螺栓		**技术要求** 按星型顺序均匀交替紧固螺母，并按照星型顺序带紧。
17. 安装磁性表座		**技术要求** 1. 磁性表座安装位置要正确。 2. 百分表表头安装位置要正确(距离边缘 13 mm)。
18. 调零		**技术要求** 1. 移动表头，使压头抵在轮毂边缘上。 2. 百分表预压(1~2格)，调零。
19. 测量		**技术要求** 1. 旋转车轮至少一周。 2. 同时观察其跳动量(小于 0.1 mm)。

作业内容	图解	技术规范
20. 目视表面		**技术要求** 1. 目视转子盘表面。 2. 观察有无不均匀磨损。
21. 测量转子盘厚度(1)——千分尺校零		**技术要求** 1. 选用适当量程的千分尺。 2. 正确校零。
22. 测量转子盘厚度(2)——测量		**技术要求** 1. 测量其厚度(距离边缘 13 mm)。 2. 每 120°测量一次，共测三次。 3. 标准值 26 mm，极限值 23 mm。
23. 安装摩擦片固定弹簧		**技术要求** 1. 在摩擦片固定弹簧表面涂抹上润滑油脂。 2. 将固定弹簧安装在制动卡钳支架上。

续表

作业内容	图解	技术规范
24. 安装摩擦片		**技术要求** 　1. 双手安装摩擦片。双手不接触摩擦片的摩擦面。 　2. 一只手按住摩擦片，一只手取下制动钳体。 　3. 将制动钳体安装到位。
25. 安装制动卡钳导销螺栓		**技术要求** 　1. 安装制动卡钳钳体。 　2. 10 号与 18 号扳手配合使用，旋紧。 　3. 用扭力扳手旋紧(28 N·m)。 　4. 偏转车轮(正向)。
26. 安装车轮		**技术要求** 　1. 双手上下扶住车轮，进行安装。 　2. 安装车轮螺栓。 　3. 使用摇把旋紧车轮螺栓。 　4. 车落地之后，用扭力扳手旋紧(140 N·m)。
27. 5S 工作		**技术要求** 　1. 收起翼子板布、前格栅布，放到规定位置，盖上发动机舱盖。 　2. 收起三件套，丢弃至指定垃圾箱中。 　3. 拔出钥匙，锁好车门，钥匙放回指定位置。 　4. 清洁车辆、地面及工具。 　5. 安全规范工作，树立绿色生产、敬业奉献的理念。

Ｍ 任务3　鼓式制动器的检修

任　务　目　标

1. 能说出鼓式制动器的组成。

2. 能区分不同类型的鼓式制动器。

3. 能阐述典型的鼓式制动器的工作过程。

4. 能阐述鼓式制动器的检修内容。

5. 能阐述鼓式制动器的检修流程。

6. 会进行鼓式制动器的检修。

7. 能安全规范工作，树立绿色生产、敬业奉献的理念。

→ 必备知识

鼓式制动器是汽车上较早使用的一种制动器，现在在货车或客车上应用较多。

一、鼓式制动器的结构

鼓式制动器可以应用在前轮上，也可以应用在后轮上。鼓式制动器相对盘式制动器有更多的组成部件，其基本部件主要包括制动底板、制动轮缸、回位弹簧、制动蹄、制动鼓等(图 5-3-1)。

简单的鼓式制动器由旋转部分、固定部分、促动装置和间隙调整装置组成。

旋转部分为制动鼓；固定部分是制动底板和制动蹄，制动底板固装在车桥的凸缘盘上，通过支承销与制动蹄相连；促动装置的作用是对制动蹄施加力使其向外张开，常用的促动装置有凸轮或车轮分泵(制动轮缸)；间隙调整装置的作用是保持和调整制动蹄与制动鼓，使两者有正确的相对位置。

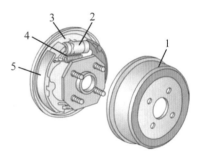

图 5-3-1　鼓式制动器的结构

1. 制动鼓　2. 制动轮缸　3. 制动底板
4. 回位弹簧　5. 制动蹄

二、 鼓式制动器的分类

1. 按促动装置不同分

鼓式制动器多为内张双蹄式,按促动装置的形式分,可分为轮缸式制动器、凸轮式制动器和楔块式制动器(图 5-3-2)。

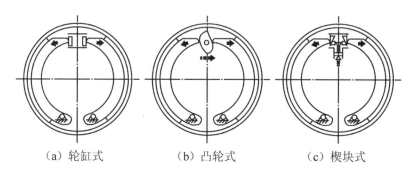

（a）轮缸式　　　　　（b）凸轮式　　　　　（c）楔块式

图 5-3-2　鼓式制动器的类型

2. 按产生制动力矩的不同分

在制动过程中,如果制动蹄绕支承销转动,且与制动鼓旋转方向相同,会将制动鼓压得更紧,起到增势的作用,则称为"增势蹄"或"领蹄";如果制动蹄绕支承销转动,且与制动鼓旋转方向相反,有使制动蹄离开制动鼓的趋势,起减势作用,则称为"减势蹄"或"从蹄"。根据制动过程中两制动蹄产生的制动力矩的不同,鼓式制动器可分为领从蹄式制动器、双领蹄式制动器、双向双领蹄式制动器、双从蹄式制动器、单向自增力式制动器和双向自增力式制动器等。

（1）领从蹄式制动器。

领从蹄式制动器的特点是两个制动蹄各有一个支点,一个蹄在轮缸促动力作用下张开时的旋转方向与制动鼓的旋转方向一致,称为领蹄;另一个蹄张开时的旋转方向与制动鼓的旋转方向相反,称为从蹄(图 5-3-3)。

（2）双领蹄式制动器。

汽车前进时两个制动蹄均为领蹄的制动器

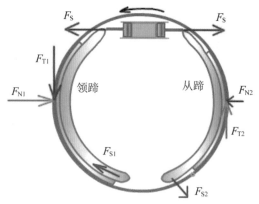

图 5-3-3　领从蹄式制动器的制动
原理及制动蹄受力简图

称为双领蹄式制动器。双领蹄式制动器的结构特点是，每一个制动蹄都用一个单活塞制动轮缸促动，固定元件的结构布置是中心对称的(图 5-3-4)。

(3)双向双领蹄式制动器。

双向双领蹄式制动器使用了两个双活塞轮缸，无论汽车前进还是后退，都是双领蹄式制动器，故称双向双领蹄式制动器(图 5-3-5)。

(4)双从蹄式制动器。

汽车前进时两个制动蹄均为从蹄的制动器称为双从蹄式制动器(图 5-3-6)。

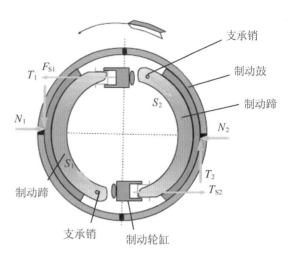

图 5-3-4 双领蹄式制动器的工作原理

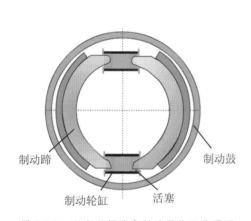

图 5-3-5 双向双领蹄式制动器的工作原理

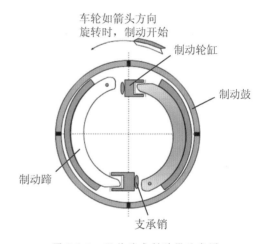

图 5-3-6 双从蹄式制动器示意图

(5)单向和双向自增力式制动器。

单向自增力式制动器的特点是两个制动蹄只有一个单活塞制动轮缸，第二制动蹄的促动力来自第一制动蹄对顶杆的推力，两个制动蹄在汽车前进时均为领蹄，但倒车时能产生的制动力很小。

双向自增力式制动器的特点是两个制动蹄的上方有一个双活塞制动轮缸，轮缸的上方还有一个制动蹄支承销，两个制动蹄的下方用顶杆相连。无论汽车前进还是后退，都与自增力式制动器相当，故称双向自增力式制动器(图 5-3-7)。

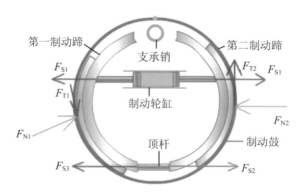

第一制动蹄　支承销　第二制动蹄

F_{S1}　F_{T2}　F_{S1}

F_{T1}　制动轮缸

F_{N1}　F_{N2}

顶杆　制动鼓

F_{S3}　F_{S2}

图 5-3-7　双向自增力式制动器的工作原理

→ **任务实施**

1. 任务名称

鼓式制动器的检修。

2. 任务准备

（1）工作场景：理实一体化教室。

（2）主要设备：带举升机的工位、装备鼓式制动器的教学用车、CH-21177-A 量规、塞尺、扭力扳手、成套组合工具车、多层零件车、轮胎架、工作台、垃圾箱。

（3）辅助材料：翼子板布、前格栅布、三件套、抹布、手套。

（4）配件准备：专用润滑脂。

3. 实施步骤

表 5-3-1　实施步骤

作业内容	图解	技术规范
1. 车辆防护		**技术要求** 　1. 车辆位于举升机位的正常举升初始位置。 　2. 安装车轮挡块。 　3. 拉紧驻车制动器。 　4. 安装三件套。

续表

作业内容	图解	技术规范
2. 前期准备工作		**技术要求** 1. 安装挡块与垫块，位置要正确。 2. 解转向盘锁，钥匙旋转到 ON 位置。 3. 放下驻车制动器。 4. 将挡位调到空挡。
3. 拆下后轮轮胎		**技术要求** 1. 拆下后轮轮胎，拆下前先用 19 号套筒加指针扳手进行预松。 2. 将车辆举升至合适位置，一般以操作人员胸前高度为宜。 3. 用棘轮扳手卸下固定螺母。
4. 拆下制动鼓螺钉		**技术要求** 用 TX30 卸开后，直取出销拉。
5. 拆下制动鼓		**技术要求** 1. 取下后将零部件放入零件车中或垫胶上，具体根据实际条件操作。 2. 清洁制动鼓内表面。

续表

作业内容	图解	技术规范
6. 拆卸调节弹簧		技术要求 1. 用尖嘴钳取下调节弹簧。 2. 将调节器弹簧弯钩端与调节器执行器杆上的凸舌分离，释放制动蹄辐板孔上的弹簧。 3. 取下后将零部件放入零件车中或垫胶上，具体根据实际条件操作。
7. 拆下调节器总成		技术要求 1. 执行杆将调节器与调节器总成分离。 2. 拆下调节器总成，放松制动蹄。 3. 取下后将零部件放入零件车中或垫胶上，具体根据实际条件操作。
8. 拆下制动蹄弹簧		技术要求 用夹钳或其他工具压缩定位销弹簧，使定位销能自由转动，旋动定位销使其从弹簧座圈锁口中退出。
9. 拆下制动蹄		技术要求 压缩制动轮缸，转动轮缸活塞，使挡口朝外，取下制动蹄组件。

续表

作业内容	图解	技术规范
10. 拆下制动蹄回位弹簧		**技术要求** 拆下制动蹄回位弹簧，取下后将零部件放入零件车中或垫胶上，具体根据实际条件操作。
11. 将驻车拉索从驻车杆上拆下		**安全警告** 切记拆卸时不要用力过大，防止部件变形。
12. 按拆解顺序放好零件		**技术要求** 1. 分解制动蹄组件，拆解上、下复位弹簧，定位弹簧，驻车制动推杆。 2. 拆解后将零部件放入零件车中或垫胶上，具体根据实际条件操作。
13. 测量制动蹄		**技术要求** 1. 用游标卡尺测量制动蹄摩擦片的厚度（不包括衬片厚度）。 2. 标准值为 5 mm，使用极限为 1.6 mm。 3. 更换新的制动摩擦片或制动鼓时，应用砂纸对其工作面进行适当的均匀打磨。

续表

作业内容	图解	技术规范
14. 检查制动分泵	检查制动分泵	**技术要求** 1. 检查制动分泵有无泄漏，橡胶处有无老化、脱落。 2. 检查制动分泵是否能进行左右移动。
15. 将调节器总成安装至调节器执行杆上		**技术要求** 将调节器总成安装至调节器执行杆上时，尽可能旋转调节器，不应发生卡滞现象。
16. 将驻车拉索安装至驻车制动杆上		**技术要求** 将驻车拉索安装至驻车制动杆上，安装要到位。
17. 安装制动蹄回位弹簧		**技术要求** 用起子将回位弹簧安装到位，确保弹簧卡扣和制动蹄安装牢固。

续表

作业内容	图解	技术规范
18. 安装制动蹄弹簧		技术要求 1. 用 CH-346 专用工具拧动弹簧帽。 2. 定位销弹簧弹力较大，安装时应使弹簧帽锁口与定位销扁头错开 90°，慢慢放松。
19. 安装调节弹簧		技术要求 用尖嘴钳安装调节弹簧，确保弹簧上的搭扣与执行杆上的凸舌充分接合。
20. 调节鼓式制动器		技术要求 1. 检查制动鼓内圈有无烧损、刮痕和凹陷。 2. 清洁 CH-21177-A 量规，用 CH-21177-A 量规定位至制动鼓内径的最宽点处。 3. 从制动鼓上拆下 CH-21177-A 量规，并将其安置到相应的制动蹄上的最宽点处。 4. 当将 CH-21177-A 量规保持在适当位置时，在 CH-21177-A 量规的一侧与相应的制动蹄摩擦衬片之间插入适当的测隙规。 5. 转动制动蹄调节器螺钉直到制动蹄衬片接触到 CH-21177-A 量规和测隙规。 6. 制动蹄摩擦衬片与制动鼓间的间隙为 0.4～0.9 mm。

作业内容	图解	技术规范
21. 安装制动鼓		**技术要求** 1. 如果安装新的制动鼓，则使用工业酒精或同等制动器清洗剂和干净的抹布清除制动鼓摩擦表面的涂层。 2. 清洁制动鼓内表面。
22. 安装制动鼓螺钉		**技术要求** 安装鼓式制动器螺钉，并紧固至 7 N·m。
23. 5S工作		**技术要求** 1. 收起翼子板布、前格栅布，放到规定位置，盖上发动机舱盖。 2. 收起三件套，丢弃至指定垃圾箱中。 3. 拔出钥匙，锁好车门，钥匙放回指定位置。 4. 清洁车辆、地面及工具。 5. 安全规范工作，树立绿色生产、敬业奉献的理念。

MISSION 4　驻车制动器的检修

任务目标

1. 能说出驻车制动器的作用和分类。
2. 能说出驻车制动器的组成结构和工作原理。
3. 能正确检查和调整驻车制动器。
4. 能安全规范的工作，树立求真务实、生命至上、绿色生产的理念。

→ **必备知识**

一、驻车制动器的定义

驻车制动器又称手制动器，俗称手刹，如图 5-4-1 所示。

二、驻车制动器的作用

图 5-4-1　驻车制动器

(1)车辆停驶后防止滑溜。

(2)使车辆在坡道上能顺利起步。

(3)行车制动失效后临时使用或配合行车制动器进行紧急制动。

三、驻车制动器的分类

按驻车制动器在汽车上安装位置的不同，驻车制动器分为中央制动式的和车轮制动式的。前者的制动器通常安装在变速器后面，其制动力矩作用在传动轴上；后者和行车制动装置共用制动器(通常为后轮制动器)，又称复合制动器，两者只是传动装置互相独立。驻车制动传动装置一般采用人力机械式的，通过钢索或杠杆来驱动。

按结构形式的不同，驻车制动器可分为鼓式的、盘式的、带式的和弹簧作用式的。

四、驻车制动器的组成结构和工作原理

驻车制动系统如图 5-4-2 所示。驻车制动时，拉起制动杆，制动杆力通过操纵机构使驻车制动拉索收紧，拉索则拉动驻车制动杠杆的下端，使之绕上端支点顺时针转动，制动杠杆转

动过程中，其中间支点推动驻车制动推杆左移，使前制动蹄压向制动鼓。前制动蹄压向制动鼓后，制动推杆停止运动，则驻车制动杠杆的中间支点变成其继续移动的新支点，于是驻车制动杠杆的上端右移，使后制动蹄压靠在制动鼓上，产生制动作用。此时，驻车制动杆上的棘爪嵌入齿扇上的棘齿内，起锁止作用。

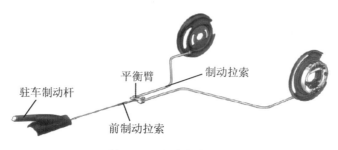

图 5-4-2　驻车制动系统

解除驻车制动时，按下驻车制动杆上的按钮，使棘爪脱离棘齿，制动杆回到释放制动位置，松开驻车制动拉索，则制动蹄在复位弹簧的作用下回位。驻车制动器的工作原理如图 5-4-3 所示。

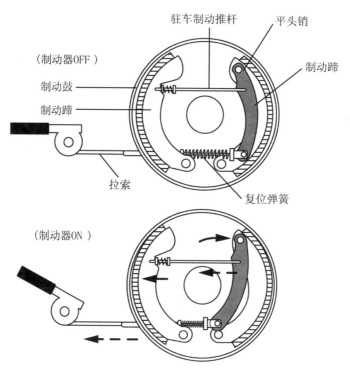

图 5-4-3　驻车制动器的工作原理图

对于四个车轮采用盘式制动器的车型来说，驻车用的小型鼓式驻车制动器内置于后轮盘式制动器中，并通过拉索和连杆等机构固定在盘式制动器上。图 5-4-4 所示为别克凯越车型驻车制动器的结构。

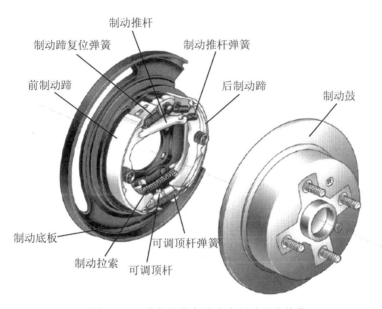

制动推杆
制动蹄复位弹簧
制动推杆弹簧
前制动蹄
后制动蹄
制动鼓
制动底板
可调顶杆弹簧
制动拉索
可调顶杆

图 5-4-4 别克凯越车型驻车制动器的结构

五、 电子驻车制动系统

为了能够确保驻车成功，以前驾驶员必须用力拉手动制动杆或用力踩脚部空间里的辅助制动踏板，现在只需要轻轻按仪表板上的开关就可以了，这是因为在车辆中安装的电子驻车制动系统替代了常规的手动驻车制动器。电子驻车制动系统不仅能在驻车时提供辅助，而且在山路行驶时，通过它的智能操作，还能够确保车辆安全制动并且保持一个必需的停顿。电子驻车制动系统如图 5-4-5 所示。

图 5-4-5 电子驻车制动系统

1. 电子驻车制动系统的主要结构

电子驻车制动元件的布置如图 5-4-6 所示。电子驻车制动系统的基本组成如图 5-4-7 所示。

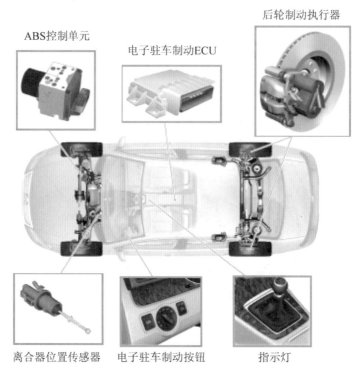

后轮制动执行器

ABS控制单元

电子驻车制动ECU

离合器位置传感器　　电子驻车制动按钮　　　　指示灯

图 5-4-6　电子驻车制动元件的布置

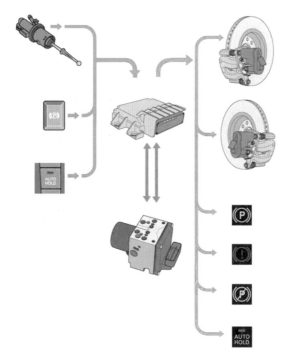

图 5-4-7　电子驻车制动系统的基本组成

（1）后轮制动执行器。

后轮制动执行器是一个电控机械式伺服单元，它集成在后车轮制动钳中。通过电机、多级变速器及螺杆传动，制动执行器将命令"操作驻车制动器"转换成相应的力，然后制动摩擦片以这个力压靠到制动盘上。后轮制动执行器如图 5-4-8 所示。

（2）离合器位置传感器。

离合器位置传感器固定在主动缸上。通过这个传感器可以获知，驾驶员是否踩

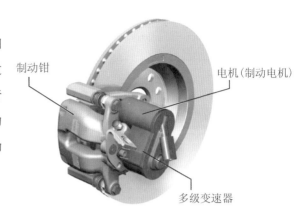

图 5-4-8　后轮制动执行器

了离合器踏板。出现下列情况时，需要使用离合器位置传感器信号：发动机起动；关闭定速巡航装置；暂时降低喷射量和阻止由此而产生的换挡过程中发动机急冲现象；用于电子驻车制动器"动态起动辅助"功能。离合器位置传感器如图 5-4-9 所示。

（3）电子驻车制动按钮。

通过电子驻车制动按钮可以打开或关闭电子驻车制动器。这个按钮位于车灯旋钮左边，如图 5-4-10 所示。

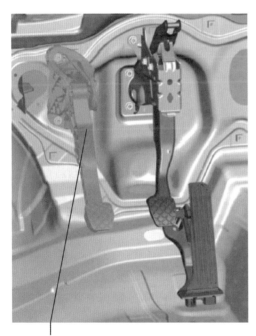

带离合器位置传感器的离合器踏板

图 5-4-9　离合器位置传感器

（4）指示灯。

组合仪表及各个按钮的指示灯能显示电子驻车制动器的状态，如见表 5-4-1。

图 5-4-10　电控机械式驻车制动器按钮

表 5-4-1　指示灯所对应的电子驻车制动器的状态

名称	图标	位置及作用
电子驻车制动器指示灯		指示灯位于电子驻车制动器按钮中。按下按钮且驻车制动器工作，指示灯点亮。
制动装置指示灯		指示灯位于组合仪表中。驻车制动器工作时，指示灯亮。
电子驻车制动器故障指示灯		故障指示灯位于组合仪表中。如果制动装置发生故障，故障指示灯亮，请立即将车辆送至工厂检修。
自动保持(AUTO HOLD)指示灯		指示灯位于 AUTO HOLD 按钮中。按下按钮并且 AUTO HOLD 打开时，指示灯亮。

2. 电子驻车制动系统的功能

电子驻车制动系统有以下功能：驻车制动功能、动态起动辅助功能、动态紧急制动功能、AUTO HOLD 功能。

根据车速基本上可以将制动模式分为两种，一种是静态模式(车速低于 7 km/h)，另一种是动态制动模式(车速高于 7 km/h)。在静态模式下，驻车制动器的开启和关闭为电控机械式的。在动态制动模式下，所有车轮的制动由液压控制。

3. 电子驻车制动系统的优点

与传统的手动制动器相比，电子驻车制动系统具有很多优点。

(1)在内部空间结构中有更大的自由度。

无须安装手动制动杆，并由一个按钮来替代。这样就可以使内部空间结构具有更大的自由度并且使中控台和脚部空间的设计更自由。

(2)对于顾客来说，扩展了功能性。

由于使用了电子控制系统和 CAN 联网，电控驻车制动器能提供给顾客更多有用的功能（如 AUTO HOLD 功能、动态起动辅助功能）以及更好的舒适度。

(3)简化了装配过程。

由于无须安装手动制动杆及手制动拉索，大大简化了车辆的生产过程和装配过程。

(4)有自诊断功能。

电子驻车制动系统是一个机电一体化系统。该系统的功能会被持续监控。

电子驻车制动器与传统的手动制动器的比较见表 5-4-2。

表 5-4-2　电子驻车制动器与手动制动器的比较

项目	手动制动器	电子驻车制动器
操作	拉手动制动杆	按电子驻车制动器按钮
松开	松开手动制动杆	按电子驻车制动器按钮
在斜坡上起动	很难一起操作手动制动器、油门和离合器踏板	在车辆起动时，电子驻车制动器自行松开
Stop-and-Go(起—停)	经常关闭和打开手动制动器或经常踩脚制动器	在 AUTO HOLD 功能接通的状态下，每次驻车时，车辆自动停住

➔ 任务实施

1. 任务名称

驻车制动器的检查与调整。

2. 任务准备

(1)工作场景：理实一体化教室。

(2)主要设备：举升机的工位、教学用车、成套组合工具车、多层零件车、轮胎架、工作台、垃圾箱、多媒体设备、白板、教学三脚架。

(3)辅助材料：翼子板布、前格栅布、三件套、抹布、手套、挂历白纸、白板笔、卡片纸若干、喷胶。

3. 实施步骤

任务的实施步骤见表 5-4-3。

表 5-4-3　实施步骤

作业内容	图解	技术规范
1. 车辆保护		**技术要求** 1. 车辆位于举升机位的正常举升初始位置。 2. 安装车轮挡块。 3. 拉紧驻车制动器。 4. 安装三件套。
2. 拆下后地板控制台总成、仪表板左下装饰板和仪表板右下装饰板		**技术要求** 1. 使用装饰板拆装工具进行拆卸。 2. 拆卸时注意卡扣。 3. 将挡位提前挂至 D 挡，便于拆卸。
3. 完全松开驻车制动杠杆		**技术要求** 1. 将驻车制动操纵杆彻底释放。 2. 转动两个后轮，两个后轮应能自由转动。

续表

作业内容	图解	技术规范
4. 松开锁紧螺母和调整螺母以完全松开驻车制动器拉锁		**技术要求** 1. 工具：10 号长套筒、10 号扳手、短接杆、快速扳手。 2. 工具要选用合适的。 3. 分清螺栓的旋向。 4. 区分清楚锁紧螺母和调整螺母。
5. 发动机停机时，完全踩下制动踏板 3～5 次		**技术要求** 用力踩下制动踏板 3～5 次。
6. 转动调整螺母，直到驻车制动拉杆行程修正至规定范围内		**技术要求** 1. 驻车制动拉杆行程：用 200 N 的力（20 kg）拉动驻车制动拉杆进行驻车制动。 2. 驻车制动拉杆的行程应为 6～9 个槽口。

作业内容	图解	技术规范
7. 紧固锁紧螺母		**技术要求** 紧固螺栓扭矩为 6 N•m。
8. 操作驻车制动拉杆 3~4 次，并检查驻车制动拉杆行程		**技术要求** 1. 驻车制动杆行程：用 200 N 的力（20 kg）拉动驻车制动拉杆进行驻车制动。 2. 驻车制动拉杆的行程应为 6~9 个槽口。
9. 5S 工作		**技术要求** 1. 收起翼子板布、前格栅布，放到规定位置，盖上发动机舱盖。 2. 收起三件套，丢弃至指定垃圾箱中。 3. 拔出钥匙，锁好车门，钥匙放回指定位置。 4. 清洁车辆、地面及工具。 5. 安全规范工作，树立服务人民、生命至上、绿色生产、敬业奉献的的理念。

制动液的更换

任　务　目　标

1. 能说出制动传动装置的作用和分类。

2. 能阐述制动传动装置的组成及工作原理。

3. 能区别制动管路的布置形式。

4. 能描述制动液更换的目的。

5. 能说出各种制动液的特点。

6. 能进行制动液的更换。

7. 能安全工作，践行绿色生产，敬业奉献的工匠精神。

→ **必备知识**

制动主缸和真空助力装置是汽车制动系统的核心部分，涉及行车的安全和操作的轻便，该项目也是汽车维修的重点。

一、 制动传动装置的作用和分类

1. 作用

制动传动装置的作用是将驾驶员或其他动力源的作用传给制动器，同时控制制动器工作，获得所需的制动力矩。

2. 分类

制动传动装置按传力介质的不同可分为液压式的、气压式的和气—液综合式的；按制动管路的套数分，可分为单管路制动传动装置和双管路制动传动装置。按照交通法规的要求，现代汽车的行车制动系统须采用双管路制动传动装置，若其中一套管路损坏时，另一套仍然起制动作用，从而提高了制动的可靠性和安全性。

二、 液压式制动传动装置

1. 液压式制动传动装置的基本组成

液压式制动传动装置由制动踏板、制动主缸、储液罐、制动轮缸、油管等组成。现代汽车上采用了各种制动力调节装置，用以调节前、后车轮制动管路的工作压力。常用的调节装置有限压阀、比例阀、感载比例阀和惯性阀等(图 5-5-1)。

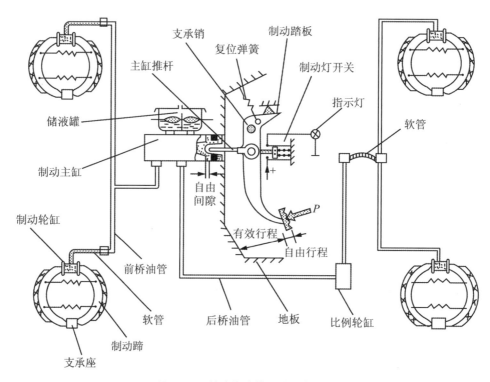

图 5-5-1 制动传动装置的基本组成

2. 液压式制动传动装置的分类

双管路液压制动传动装置是利用彼此独立的双腔制动主缸，通过两套独立管路，分别控制两桥或三桥的车轮制动器。常见的双管路液压制动传动装置有前后独立式和交叉式两种形式(图 5-5-2)。

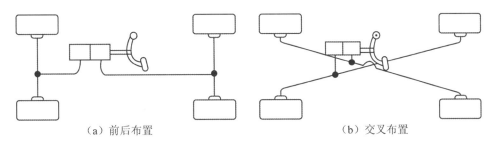

（a）前后布置　　　　　　　　　　　（b）交叉布置

图 5-5-2　液压制动传动装置的类型

前后独立式双管路液压制动传动装置由双腔制动主缸通过两套独立的管路分别控制前桥和后桥的车轮制动器。这种布置方式结构简单，如果其中一套管路损坏漏油，另一套仍能起作用，但会破坏前后桥制动力分配的比例，主要用于发动机前置后轮驱动的汽车。

交叉式双管路液压制动传动装置由双腔制动主缸通过两套独立的管路分别控制前后桥对角线方向的两个车轮制动器。这种布置方式在任一管路失效时，仍能保持一半的制动力，且前后桥制动力分配比例保持不变，有利于提高制动方向的稳定性，主要用于发动机前置前轮驱动的车型。

三、　制动主缸

1. 作用

制动主缸（图 5-5-3）的作用是将外界输入的机械能转换成液压能，液压能通过制动液再传输给制动轮缸。

制动主缸分单腔和双腔两种（图 5-5-4），分别用于单、双回路液压制动系统。

图 5-5-3　制动主缸

（a）单管路液压制动总泵　　　　　　（b）双管路液压制动总泵

图 5-5-4　制动主缸的分类

2. 结构及工作原理

制动主缸的结构及工作原理如图 5-5-5 所示。制动主缸上端装有储油罐，制动主缸内的活塞通过真空助力器内的推杆和制动踏板相连。踩下制动踏板推动活塞运动，进油孔关闭，各制动轮缸产生制动油压。松开制动踏板，活塞恢复到初始位置，制动油压消失，制动解除。

制动液经制动主缸及液压管路到达制动轮缸。当踩下制动踏板时，两活塞在主缸推杆的作用下开始运动，并将进油孔关闭，在(A)(B)工作腔内产生油压，如图 5-5-5(b)所示，车轮制动器产生制动力。解除制动时，活塞在弹簧作用下回位，液压油自轮缸和管路流回到制动主缸。当后轮制动管路发生泄漏时，如图 5-5-5(c)所示，在(B)工作腔内不能产生油压，但在(A)工作腔内仍会产生油压。当前轮制动管路发生泄漏时，如图 5-5-5(d)所示，在(A)工作腔内不能产生油压，活塞①推着活塞②使其顶到制动主缸缸体上，此时在(B)工作腔内产生油压。

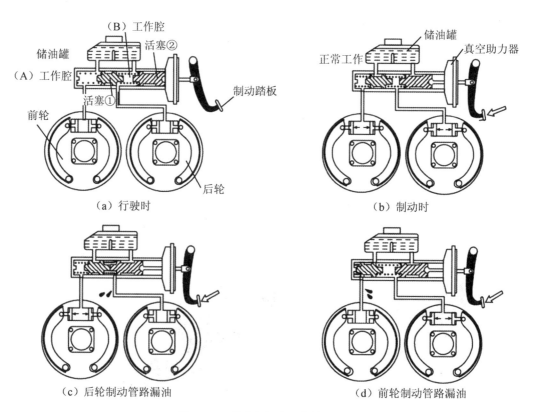

图 5-5-5　制动主缸的工作原理图

四、 制动轮缸

制动轮缸(图 5-5-6)固定在制动底板上，其作用是将制动主缸传来的液压力转变为使制动蹄张开的机械推力(图 5-5-7)，制动轮缸主要由缸体、活塞、皮碗、复位弹簧总成和放气螺钉等组成。放气螺钉的作用是排出混入制动液中的空气。

图 5-5-6　制动轮缸

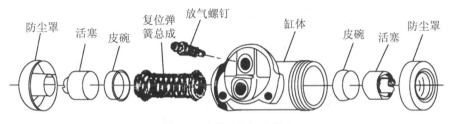

图 5-5-7　制动轮缸的结构

五、 真空助力装置

1. 作用

真空助力器是轿车制动系统中的制动伺服装置(图 5-5-8)，利用汽油发动机工作时所产生的真空或柴油发动机所加装的真空泵所产生的真空，按一定比例放大制动踏板力来推动主缸活塞，使制动主缸产生液压，使轮制动器产生阻力进而控制车辆减速或制动。

真空助力器

图 5-5-8　真空助力器

2. 结构及工作原理

(1)结构。

真空助力器的结构如图 5-5-9 所示。

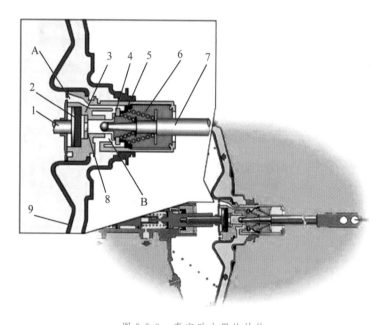

图 5-5-9 真空助力器的结构

1.制动主缸推杆 2.橡胶反作用盘 3.膜片座 4.空气阀座 5.橡胶阀门

6.弹簧 7.控制阀柱塞 8.控制阀柱塞 9.膜片

(2)工作原理。

汽车真空助力器一般和刹车总泵为一体。助力器成圆筒形状，被一个皮碗分成两个腔，两个腔中各有一个单向阀，平时这两个腔全是真空的，当踏下刹车踏板时，前面的单向阀打开，前腔开始进气，但后面的腔还是真空的，单向阀关闭，因为前腔和后腔产生负压，所以皮碗带动顶杆一起推动刹车总泵工作；当收回刹车踏板时，后腔中的单向阀打开，前腔中的单向阀关闭，前腔的空气流入后腔，两个腔没有负压，顶杆随着踏板回位弹簧一起回到原来的位置，同时后腔中的单向阀也关闭(图 5-5-10)。

不制动时：空气阀和推杆在回位弹簧的作用下离开反作用盘，回到膜片座毂筒的右端位置。橡胶真空阀被压缩离开阀座而开启，空气阀紧压阀座而关闭，后腔的真空通道开启，加力气室前腔和后腔都处于真空状态。

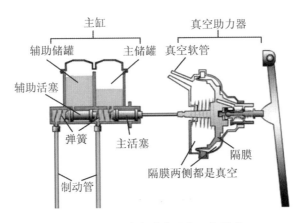

图 5-5-10　真空助力器的工作原理

制动时：推杆连同空气阀向左移动，消除了与橡胶反作用盘的间隙后，压缩橡胶反作用盘中心部分产生压凹变形，并推动推杆向左移动，使制动主缸液压上升传入各轮缸，此力为驾驶员所给。与此同时，推杆通过弹簧先将真空阀压向阀座使其关闭，使前、后两腔隔绝，进而空气阀与阀座分离而开启，外界空气经空气阀的开口与气道进入后腔。随着空气的进入，在加力气室膜片的两侧出现压力差而产生推力，此推力通过膜片座、橡胶反作用盘推动推杆左移，此力为压力差所给。此时，推杆上的作用力应为踏板力与加力气室活塞推力的总和。

维持制动：当踏板踩下停止在某一位置时，推杆和空气阀就停止推压橡胶反作用盘。膜片两边压力差通过膜片座作用在橡胶反作用盘的边缘部分，使盘中心部分凹下的材料又重新凸起变平，使空气阀重新落座而关闭，出现双阀关闭的平衡状态，助力作用停止。

解除制动：回位弹簧将推杆和空气阀推向右侧，使真空阀离开阀座，加力气室相通，成为真空状态。膜片和膜片座在回位弹簧的作用下回位，主缸即解除制动。

六、制动液

制动液填充在整个制动液压系统中，担负着液压系统传力和润滑的重任，其质量的好坏直接影响制动系统工作的可靠性。因此，制动液必须满足以下要求：

(1)低温流动性良好，保证液压系统在寒冷季节能正常工作。

(2)高温下不易汽化，防止因制动器的高温使液压管路中产生气阻而导致制动系统失效。

(3)不会使液压系统的金属件腐蚀，不会使橡胶件老化、硬化或膨胀。

(4)能够良好地润滑液压系统中的运动部件。

(5)吸湿性差而溶水性良好。

现代汽车大多使用合成制动液，它由基础油和添加剂组成。合成制动液能在一个温度范围内保持稳定,具有较高的沸点(通常在 204 ℃以上)和较低的凝点(通常能达到－45.56 ℃),且品质变化小,不会引起金属件和橡胶件损坏。制动液的沸点包括干沸点和湿沸点。干沸点也叫"平衡回流沸点",指制动液未吸收湿气的沸点;湿沸点也叫"湿平衡回流沸点",指制动液吸收了湿气后的沸点。

如果制动液中混入过量水分,就会降低制动液的沸点,高温时,制动管路中易出现气阻,因气体是可被压缩的,所以,高温下容易造成制动失灵。

1. 制动液的型号

制动液的型号通常按照美国联邦机动车安全标准(FMVSS116)命名,目前使用的制动液有 DOT3、DOT4、DOT5,它们的平衡回流沸点和湿平衡回流沸点见表 5-5-1。DOT 编号越大,制动液沸点越高。我国制动液有 HZY3、HZY4、HZY5 三种型号,其中的 H、Z、Y 分别表示合成、制动和液体的汉语拼音第一个大写字母,分别对应国际标准中的 DOT3、DOT4、DOT5。

表 5-5-1　制动液简介

制动液型号	DOT3/HZY3	DOT4/HZY4	DOT5/HZY4
平衡回流沸点/℃	205	230	260
湿平衡回流沸点/℃	140	155	180

DOT3 制动液是应用非常广泛的制动液,其基础成分是聚乙二醇,能够吸收空气中的湿气,并会损坏油漆。

DOT4 制动液也是一种聚乙二醇基制动液,其特点与 DOT3 相似,但它的沸点更高、低温流动性更好。使用 DOT3 制动液的液压系统可以使用 DOT4 制动液,但是它们不能混合使用,更换不同型号的制动液时,需要用新型号制动液彻底冲洗液压系统,以将原型号制动液彻底排放。

DOT5.1 制动液是非硅酮基、聚乙二醇制动液,能够吸收空气中的湿气,会损坏油漆,沸点比 DOT4 制动液更高。但是,DOT5.1 制动液价格高昂,一般用于重负载和高性能汽车中。

DOT5 制动液是非硅酮基制动液,沸点与 DOT5.1 制动液相当,它不吸收空气中的湿气,不损伤汽车油漆,对液压系统部件无腐蚀作用。DOT5 制动液完全不吸收水,进入液压系统中的水分以水的形式独立存在,极易影响制动效果,制动液更换周期较短,因此,一般用在赛车中。

2. 使用制动液时的注意事项

制动液有一定的毒性，特别是对眼睛和皮肤的刺激比较大，更换制动液或维修制动系统时，操作人员应该穿防护服、戴防护手套和安全防护眼镜。由于制动液会污染环境，所以不能随意排放，应该按环保部门的要求回收储存及处理。另外，为了确保制动液的工作性能，在进行与制动液相关的维修时还应该注意以下事项：

(1)按厂商的要求使用规定型号的制动液，并定期更换；

(2)制动液应该存储在原装储存瓶中并密封好，禁止使用其他容器存放制动液；

(3)开启制动液储存瓶瓶盖或制动主缸储液罐前，应该清理其周围的灰尘、水等；

(4)制动液对车身涂层有一定的破坏作用，会产生"咬漆现象"，因此，在使用过程中防止制动液与车身涂层接触；

(5)禁止用制动液储液罐存放制动液以外的任何物品；

(6)禁止使用回收的制动液(包括液压系统排空气时回收的制动液)或从其他车辆储液罐中吸取的制动液；

(7)制动液有很强的稀释能力，开启后的制动液要密封保存，尽快用完。

任务实施

1. 任务名称

制动液的更换。

2. 任务准备

(1)工作场景：理实一体化教室。

(2)主要设备：RA-611E 制动液充放机、带举升机的工位、教学用车辆、成套组合工具车、多层零件车、轮胎架、工作台、垃圾箱、教学三脚架。

(3)辅助材料：翼子板布和前格栅布、三件套、透明橡胶软管、玻璃容器、抹布、手套、挂历白纸、白板笔、卡片纸若干、喷胶。

(4)配件准备：DOT4 制动液 6 L。

3. 实施步骤

任务的实施步骤见表 5-5-2。

表 5-5-2　实施步骤

作业内容	图解	技术规范
1. 注入新鲜制动液，接上电源		**技术要求** 1. 选择正确的制动液。 2. 取下制动液填充口上的密封盖，注入新鲜制动液，约 6 L。 3. 装置背面的液位显示管可以显示液体的填充量。 4. 填充完毕后将制动液填充口重新用密封盖密封。 5. 用相应的插头将电源线接上电源（交流 220 V）。 6. 打开装置开关按钮，压力表应显示 150 kPa 左右的压力，然后关机。
2. 连接转换器与主缸储液室		**技术要求** 连接时注意气密性。
3. 接上制动液收纳容器		**技术要求** 1. 拧下换液螺钉护罩。 2. 套上塑料管。

续表

作业内容	图解	技术规范
4. 打开装置开关按钮		**技术要求** 旋转调压器旋钮至锁止螺母。
5. 调压、更换		**技术要求** 1. 气压表上显示符合该车型所需要的工作气压 150 kPa。 2. 按后轮—左前轮—左后轮—前轮的顺序更换制动液。 3. 在更换每个车轮制动液时，制动液收纳容器中有新制动液流出时，表明此车轮制动液更换结束。
6. 拧上换液螺钉护罩		**技术要求** 拧上换液螺钉护罩。
7. 清洁		**技术要求** 1. 换液完毕后，清洁贮液罐周围，清洁各个制动器换液孔周围泄漏出的制动液，装上橡胶防尘套。 2. 规范工作，践行绿色生产、敬业奉献的工匠精神。

M. ISSION 6 任务 6 防抱死制动系统的检修

→ **必备知识**

一、 防抱死制动系统的功能

防抱死制动系统(Anti-lock Braking System，ABS)，其作用是在汽车制动时，自动调节制动力的大小，避免车轮完全抱死产生滑拖，使车轮处于边滚边滑的状态，以保证车轮与地面之间有最好的附着状态，从而缩短制动距离，提高汽车制动过程中的方向稳定性及转向操纵能力，使汽车制动更加安全、有效。

1. 轮速与车速的关系

轮速 U：四个车轮上分别装有轮速传感器，检测车轮的转速信号(ω)。轮速等于车轮的转速乘车轮的转动半径 r，即 $U = \omega \times r$。

车速 V：汽车的车速使用车速传感器来检测，并显示在仪表板的车速表上。

车轮处于纯滚动的状态时，可以近似认为车速等于轮速；边滚边滑时，车速大于轮速；车轮抱死发生拖滑时，此时轮速等于 0。轮速与车速的关系如图 5-6-1 所示。

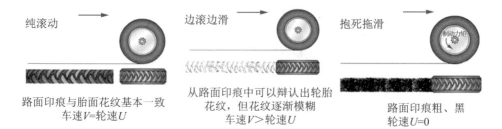

纯滚动
路面印痕与胎面花纹基本一致
车速V=轮速U

边滚边滑
从路面印痕中可以辨认出轮胎花纹，但花纹逐渐模糊
车速V>轮速U

抱死拖滑
路面印痕粗、黑
轮速U=0

图 5-6-1 轮速与车速的关系

2. 滑移率对制动性能的影响

汽车从纯滚动到抱死拖滑的制动过程是一个渐进的过程，经历了纯滚动、边滚边滑和纯滑动三个阶段。为了了解汽车车轮滑移成分所占的比例，常用滑移率 S 来指代，其定义如下：

当车轮纯滚动时，$S=0$；当车轮抱死纯滑动时，$S=100\%$；当车轮边滚边滑时，$0<S<100\%$。车轮滑移率越大，说明车轮在运动中滑移成分所占的比例越大。由于车速始终大于或等于轮速，所以滑移率始终处于 0 和 1 之间。

滑移率直接决定了轮胎的附着特性，也就直接决定了地面提供轮胎的最大附着力，即纵向力(制动力/驱动力)和侧向力(转向力)。滑移率对制动性能的影响如图 5-6-2 所示。

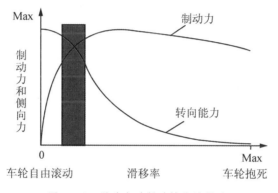

图 5-6-2　滑移率对制动性能的影响

从图 5-6-2 可以看出来，纵向附着系数(地面能提供的最大制动力)随着滑移率的增大，先变大后变小。在紧急制动时，需要地面能最大限度地提供制动力。

侧向附着系数(侧向力)随滑移率变大而逐渐减小，当滑移率为 100% 的时候，侧向附着系数为 0，此时由于地面不能提供侧向力，所以车辆失去转向躲避障碍的能力，这是要尽量避免的。

3. 功能

ABS 防止汽车制动时车轮抱死，并把车轮的滑移率保持在 $10\%\sim30\%$ 的范围内，以保证车轮与路面有良好的纵向、侧向附着力，从而实现以下功能：

(1)充分发挥制动器的效能，缩短制动时间和距离；

(2)可有效防止紧急制动时车辆侧滑和甩尾，使车辆具有良好的行驶稳定性；

(3)可在紧急制动时转向，使车辆具有良好的转向操纵性；

（4）可避免轮胎与地面的剧烈摩擦，减少轮胎的磨损。

二、ABS 的组成

ABS 由轮速传感器、制动压力调节器、ABS ECU、液压控制单元等部件组成，如图 5-6-3 所示。

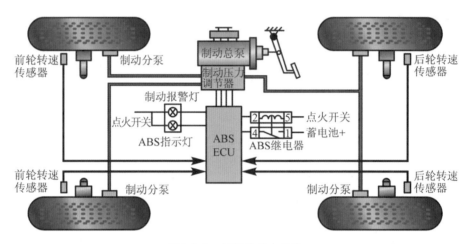

图 5-6-3　ABS 的基本组成

1. 轮速传感器

轮速传感器是用来测量汽车车轮的转速，给 ABS ECU 提供轮速信号的，可用于控制滑移率，一般安装在每个车轮的轮毂上，如图 5-6-4 所示。

图 5-6-4　轮速传感器

轮速传感器一般有磁电式和霍尔式两种类型。

（1）磁电式轮速传感器。

磁电式轮速传感器一般由磁感应传感头和齿圈组成。传感头由永磁铁、极轴、感应线圈等组成。齿圈是一个运动部件，一般安装在轮毂上或轮轴上与车轮一起旋转。轮速传感头是一个静止部件,传感头磁极与齿圈的端面有一定间隙。其工作原理如下。

磁力线从磁芯的一极出来,穿过齿圈和空气,返回到磁芯的另一极。由于传感器的线圈绕在磁芯上,因此,这些磁力线也会穿过线圈。当车轮旋转时,与车轮同步的齿圈(转子)随之旋转,齿圈上的齿和间隙依次快速经过传感器的磁场,其结果是改变了磁路的磁阻,从而导致线圈中感应电势发生变化,产生一定幅值、频率的电势脉冲。脉冲的频率,即每秒钟产生的脉冲个数,反映了车轮旋转的快慢,如图 5-6-5 所示。

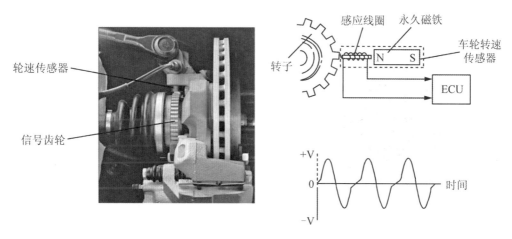

图 5-6-5　磁电式轮速传感器

(2)霍尔式轮速传感器。

霍尔式轮速传感器也是由传感头和齿圈组成的。传感头由永磁体、霍尔元件和电子电路等组成。永磁体的磁力线穿过霍尔元件通向齿轮。

霍尔式轮速传感器的工作原理:当金属齿经过霍尔传感器前端时,引起磁场变化,霍尔元件检测到磁场变化,并转换成一个交变电信号,传感器内置电路对该信号进行放大、整形,输出良好的矩形脉冲信号。

如图 5-6-6 所示,当齿圈位于图 5-6-6(a)所示的位置时,通过霍尔元件的磁通量相对分散,而且较弱,所以产生的霍尔电压较低;当齿圈位于图 5-6-6(b)所示的位置时,通过霍尔元件的磁通量相对集中而且较强,所以产生的信号电压较高,这样就产生了交变的霍尔信号电压。

2. ABS 警告灯

ABS 在仪表板上装有 ABS 警告灯,如图 5-6-7 所示。

警告灯正常点亮的情况是:点火开关打开至自检结束(大约 2 s)。如果上述情况灯不亮,说明 ABS 警告灯本身或线路有故障。如果 ABS 警告灯常亮,说明 ABS 出现故障。

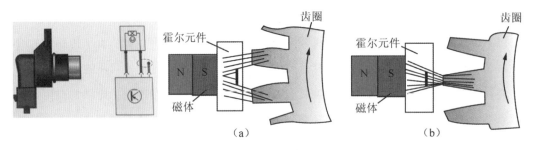

图 5-6-6　霍尔式轮速传感器

图 5-6-7　ABS 警告灯

图 5-6-8　ABS 电子控制单元

3. ABS 电子控制单元

ABS 电子控制单元是 ABS 的控制中心，它实际上是一个微型计算机，所以又常称为 ABS ECU，如图 5-6-8 所示。

ABS ECU 的主要任务是连续监测、接受四个车轮转速传感器送来的脉冲信号，并进行测量比较、分析放大和判别处理，计算出车轮转速、车轮减速度以及制动滑移率，再进行逻辑比较，分析四个车轮的制动情况，一旦判断出车轮将要抱死，它立刻进入防抱死控制状态，通过电子控制单元向液压单元发出指令，以控制制动轮缸油路上电磁阀的通断和液压泵的工作来调节制动压力，防止车轮抱死。

4. 液压控制单元

液压控制单元装在制动主缸与制动轮缸之间，采用整体式结构，如图 5-6-9 所示。主要任务是执行 ABS ECU 的指令、自动调节制动器中的液压压力。

三、ABS 的布置形式

在 ABS 中，能够独立进行制动压力调节的制动管路称为控制通道。如果对某车轮的制动压力可以进行单独调节，则称这种控制方式为独立控制；如果对两个（或两个以上）车轮的制动压力一同进行调节，则称这种控制方式为一同控制。按照控制通道数目的不同，ABS 分为四通道 ABS、三通道 ABS、双通道 ABS 和单通道 ABS 四种。目前，汽车普遍采用四通道控制方式。典型的四通道 ABS 如图 5-6-10 所示。

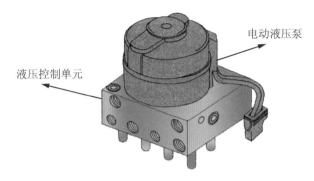

图 5-6-9　液压控制单元

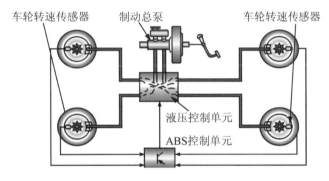

图 5-6-10　四通道 ABS

　　由于四通道 ABS 可以最大限度地利用每个车轮的附着力进行制动，因此汽车的制动效能最好。

四、 ABS 的工作原理

　　在汽车车速大于或等于 20 km/h 时，驾驶员踩下制动踏板紧急制动时，ABS ECU 接收到制动灯开关接通信号，以及四个车轮的转速信号，计算出每个车轮的线速度，进而推算出车辆的减速度及车轮的滑移率，判断车轮是否有抱死的趋势。ABS 的工作过程可以分为建压阶段、保压阶段、降压阶段和升压阶段。

1. 建压阶段

　　如图 5-6-11 所示，汽车制动时，通过助力器和总泵建立制动压力。此时两电磁阀均不通电,常开阀(进油电磁阀)处于开启状态,常闭阀(出油电磁阀)处于关闭状态,制动总泵的制动液被推入轮缸,车轮制动器产生制动力,车轮转速迅速降低。

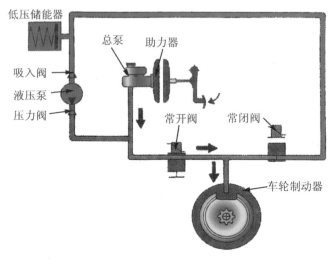

图 5-6-11 建压阶段

2. 保压阶段

如图 5-6-12 所示,ABS ECU 通过车轮转速传感器得到信号,识别出车轮有抱死的倾向时,即向液压控制单元发出控制信号,使常开阀通电而关闭,此时常闭阀仍然关闭,轮缸里的制动液处于不流通状态,使制动器中的压力保持不变。

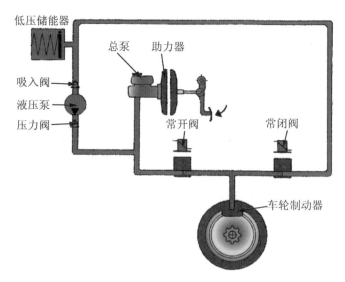

图 5-6-12 保压阶段

3. 降压阶段

如图 5-6-13 所示，控制单元不断检测车轮转速信号，当判断出车轮仍有抱死倾向时，ABS ECU 立即向液压控制单元发出控制信号，使常闭阀通电而打开，轮缸与低压储能器相通，轮缸里的制动液在车轮制动器复位弹簧的作用下流到低压储能器中。同时，液压泵通电运转，制动液从制动器经低压蓄能器被送回到制动总泵，制动压力降低，制动踏板微量顶起，车轮抱死程度降低，车轮转速开始上升。

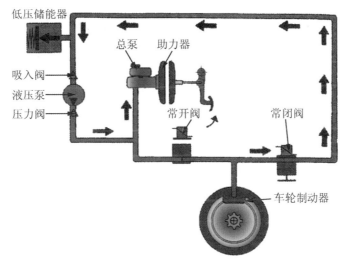

图 5-6-13 降压阶段

4. 升压阶段

如图 5-6-14 所示，当车轮达到一定转速后，ABS ECU 再次命令常开阀打开，常闭阀关闭。随着制动压力增加，车轮再次被制动和减速。

ABS 压力调节器以 5～6 次/秒的频率按上述"压力升高—压力保持—压力减小—压力保持—压力升高"的循环，对制动器压力进行调节，直至停车。

五、 ABS 的检修

1. 诊断与检查的基本内容

特定的诊断与检查可及时发现 ABS 中的故障，是维修中非常重要的工作。对于不同的车

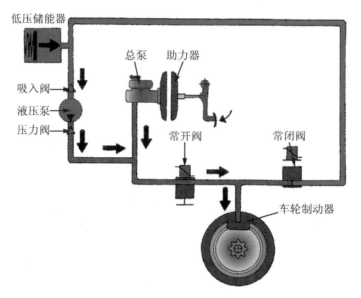

图 5-6-14 升压阶段

型，甚至同一系列不同年代生产的车型，检查的方法和程序都会有所不同，要根据相应的维修手册进行检查。但是 ABS 基本诊断与检查方法的内容是不变的，它们一般包括如下四个步骤：

（1）初步检查；

（2）故障自诊断；

（3）快速检查；

（4）故障指示灯诊断。

通常情况下，只要按照上述四个步骤进行诊断与检查，就会迅速找到 ABS 的故障点。故障自诊断是汽车装用电控单元后给维修人员提供的快速自动故障诊断法，在整个诊断与检查中占有极为重要的地位。

基本检查是在 ABS 出现明显故障而不能正常工作时首先采取的检查方法，如 ABS 故障指示灯常亮，系统不能工作。检查方法如下：

（1）检验驻车制动（手刹）是否完全释放。

（2）检查制动液液面是否在规定的范围之内。

（3）检查 ABS 电控单元导线插头、插座的连接是否良好，连接器及导线是否损坏。

（4）检查下列导线连接器（插头与插座）和导线的连接或接触是否良好：

①检查液压调节器上的电磁阀体连接器；

②检查液压调节器上的主控制阀连接器；

③检查连接压力警告开关和压力控制开关的连接器；

④检查制动液液面指示开关连接器；

⑤检查轮速传感器的连接器；

⑥检查电动泵连接器。

（5）检查所有的继电器、保险丝是否完好，插接是否牢固。

（6）检查蓄电池电压是否在规定的范围内；检查蓄电池正、负极导线的连接是否牢靠，连接处是否清洁。

（7）检查 ABS 电控单元、液压控制装置等的接地（搭铁）端的接触是否良好。

（8）检查车轮胎面纹槽的深度是否符合规定。

如果用上述方法不能确定故障位置，就可使用故障自诊断，需注意的是，常规制动系统的元件出了故障，也可能使 ABS 工作不正常，因而不要轻易地判定 ABS 电子控制单元等元器件损坏。

2. 维修的基本内容

通过诊断与检查后，一旦准确地判断出 ABS 中的故障部位，就可以进行调整、修复或换件，直到故障被排除为止。修理的步骤通常如下：

（1）泄去 ABS 中的压力；

（2）对故障部位进行调整、拆卸、修理或换件，最后进行安装，所有步骤必须按相应的规定进行；

（3）按规定步骤进行放气。

如果是车轮速度传感器或电控单元有故障，可以不进行第一和第三步骤，只需按规定进行传感器的调整、更换即可，ABS 电控单元损坏只能更换。

3. 维修的注意事项

ABS 与普通制动系统是不可分的，普通制动系统一旦出现问题，ABS 就不能正常工作。因此，要将二者视为整体进行维修，不能只把注意力集中于传感器、电控单元和液压调节器上。

ABS 电控单元对过电压、静电非常敏感，如有不慎就会损坏电控单元中的芯片，造成整个 ABS 瘫痪。因此，点火开关接通时不要插拔电控单元上的连接器；在车上进行电焊之前，要戴好防静电器(也可用导线一头缠在手腕上，一头缠在车体上)，拔下电控单元上的连接器后再进行电焊；给蓄电池进行专门充电时，要将电池从车上拆卸下来或拆卸蓄电池电缆后再进行充电。

维修车轮速度传感器时一定要十分小心。拆卸时注意不要碰伤传感器头，不要把传感器齿圈当作撬面，以免损坏。安装时应先涂覆防锈油，安装过程中不可敲击或用蛮力。一般情况下，传感器气隙是可调的，调整时应使用非磁性塞卡，如塑料卡或铜塞卡。

维修 ABS 液压控制装置时，切记要先进行泄压，然后再按规定进行修理。例如，制动主缸和液压调节器设计在一起的整体 ABS，其蓄压器存储了高达 18 000 kPa 的压力，修理前要彻底泄去压力，以免高压油喷出伤人。

制动液要根据维修手册规定定期更换。这是因为制动液的吸湿性很强，含水分的制动液不仅使制动系统内部产生腐蚀，而且会使制动效果明显下降，影响 ABS 的正常工作。

六、 ABS 的使用提示

ABS 工作时，会感到制动踏板的抖动，同时也会听到液压控制器工作的声音。记住：此时千万不要害怕，要牢牢踩住制动踏板不放。

ABS 一旦失效，ABS 警告灯就会持续点亮，此时 ABS 不起作用，但常规制动系统完好无损，只需按照常规方法制动即可。

ABS 警告灯在汽车启动后亮约 2 s 后即熄灭，之后 ABS 警告灯仅在 ABS 失效时才亮。因此一旦 ABS 警告灯在非正常情况下亮时，要及时进行维修。

➔ 任务实施

1. 任务名称

ABS 的检修。

2. 任务准备

(1)工作场景：理实一体化教室。

(2)主要设备：教学用车、举升机、工具车、诊断仪、万用表等。

(3)辅助设备：三件套、抹布、手套、白板、卡片纸、双面胶等。

3. 实施步骤

任务的实施步骤见表 5-6-1。

表 5-6-1

作业内容	图解	技术规范
1. 车辆防护		**技术要求** 1. 车辆位于举升机位的正常举升初始位置。 2. 安装车轮挡块。 3. 拉紧驻车制动器。 4. 安装三件套。
2. 查找并记录车辆基本信息	☆LSGPC52U4DF174132☆	**技术要求** 1. 查找并记录 VIN 码。 2. 检查车辆外观并记录损毁情况。
3. 检查 ABS 指示灯		**技术要求** 1. 打开点火开关,置于 ACC 位置。 2. 观察 ABS 警告灯,2 秒后自检正常应熄灭。 3. 观察驻车制动指示灯,释放驻车制动,应熄灭。
4. 打开发动机舱盖		**技术要求** 1. 拉起发动机舱盖释放杆。 2. 打开发动机舱盖,安装好支撑杆。 3. 安装翼子板、前格栅护布。

作业内容	图解	技术规范
5. 检查制动液液位		**技术要求** 1. 找到制动液贮液罐。 2. 制动液液位应该处于 Max 和 Min 之间。 3. 确保液位传感器安装良好，插接器安装良好。
6. 检查制动主缸		**技术要求** 1. 制动主缸安装良好。 2. 管接头处无制动液渗漏。
7. 检查液压控制单元		**技术要求** 1. 液压泵电机安装良好。 2. 压力控制单元外观无损坏。 3. 制动管接头处无制动液渗漏。
8. 检查 ABS 电子控制单元		**技术要求** 1. ABS 电子控制单元安装良好。 2. 外观无损坏。 3. 插接器连接良好。

续表

作业内容	图解	技术规范
9. 检查 ABS 所有继电器、保险丝		**技术要求** 　　检查所有继电器、保险丝是否完好，插接是否牢固。
10. 举升车辆		**技术要求** 　　1. 安装好举升垫块。 　　2. 举升前要大声提醒，举升中要注意观察，确保安全。 　　3. 到位后安全锁止，关闭电源开关。 **安全警告** 　　发现举升机异常，立即停止。
11. 检查制动管路		**技术要求** 　　1. 检查制动管路有无凹陷、磨损等。 　　2. 检查制动管路接头处有无损坏。
12. 检查轮速传感器		**技术要求** 　　1. 轮速传感器安装良好。 　　2. 插接器无松动，线束无破损。

续表

作业内容	图解	技术规范
13. 降下车辆		**技术要求** 1. 降下前要大声提醒，下降中要注意观察，确保安全。 2. 举升机回到较低位置，关闭电源开关。 3. 车轮距离地面约 5 cm。 **安全警告** 发现举升机异常，立即停止。
14. 连接诊断仪		**技术要求** 1. 选择 OBD Ⅱ 诊断头，连接诊断仪。 2. 在点火开关处于关闭的情况下，将诊断仪连接至车辆上诊断口。 **安全警告** 在点火开关打开的情况下勿将诊断仪连接在车辆诊断接口上，以免损伤设备。
15. 选择 ABS		**技术要求** 1. 按照诊断仪提示选择车型系统。 2. 选择故障测试 ABS。
16. 读取故障码		**技术要求** 1. 选择"读故障码"选项，确认并读取故障码。 2. 若系统内无故障码则显示"系统正常"。 3. 若出现故障码，退回上一级菜单，选择"清故障码"，起动发动机后再次"读故障码"，来判断"当前故障码"和"历史故障码"。

作业内容	图解	技术规范
17. 起动发动机		**技术要求** 1. 先关闭诊断仪。 2. 起动发动机，维持怠速运转。 **安全警告** 车辆车轮必须完全离地。
18. 读取数据流		**技术要求** 1. 选择 ABS 数据流测试选项。 2. 选择所需要读取的具体数据项。
19. 读取轮速传感器主要数据流		**技术要求** 1. 将换挡杆置于"D"挡，前轴两前轮应有轮速显示，否则，轮速传感器损坏。 2. 转动后轴上的车轮，正常也应有轮速显示，否则也可判断具体哪侧轮速传感器损坏。
20. 动作测试		**技术要求** 1. 选择"动作测试"选项，进行 ABS 执行器动作测试，判断执行器工作情况。 2. 进行"动作测试"前，车辆必须处于完全静止状态下，需进行确认。

续表

作业内容	图解	技术规范
21. 进入动作测试界面		
22. 电磁阀继电器测试		**技术要求** 1. 选择"电磁阀继电器"选项。 2. 选择"打开"或"关闭"选项，继电器正常应能够工作，并伴有声音。
23. 马达继电器测试		**技术要求** 1. 选择"马达继电器"选项。 2. 选择"打开"或"关闭"选项，马达正常应能够工作，并伴有转动的声音。 3. 测试的时间不宜过长，一般2～5 s，否则易损坏马达。
24. ABS警告灯测试		**技术要求** 1. 选择"制动警告灯"选项。 2. 选择"打开"或"关闭"选项，仪表板制动警告灯正常应点亮或熄灭，否则，制动警告灯或线路损坏。

续表

作业内容	图解	技术规范
25. 电磁线圈测试		**技术要求** 　1. 选择"激活 ABS 的 SRLR 电磁线圈"选项。 　2. 选择"打开"或"关闭"选项，电磁线圈应能够工作，并伴有声音。 　3. 确认车辆已停止。 　4. 测试时间不宜过长，应为 2～5 s。 　5. 实施驻车制动。 　6. 换挡杆置于"P"挡。 　7. "SRLH""SRRR""SRRH"电磁线圈的测试方法同上 1～6 步。
26. 5S 工作		**技术要求** 　1. 收起翼子板布、前格栅布，放到规定位置，盖上发动机舱盖。 　2. 收起三件套，丢弃至指定垃圾箱中。 　3. 拔出钥匙，锁好车门，钥匙放回指定位置。 　4. 清洁车辆、地面及工具。
27. 填写工作单		**技术要求** 　1. 在工作表单中确认完成的项目。 　2. 正常的打"√"，有问题的打"×"。 　3. 有数据的记录相关数据。 　4. 有疑问的做好相关记录。

课程评价

同学们，本课程学习结束了，感谢你始终如一的努力学习和积极配合。为了能使我们不断地改进，提高专业教学效果，我们珍视各种建议、创意和批评。为此，我们很乐于了解你对本模块学习的真实看法。当然，这一过程中所收集的数据采用不记名的方式，我们都将保密，且不会透漏给第三方。对于有些问题，只需做出选择，有些问题，则请借助几个关键词给出一个简单的答案。

项目名称：　　　　　教师姓名： 课程时间：　年　月　日 — 　日　第　　周 授课地点：	很满意	满意	一般	不满意	很不满意
项目教学组织的评价	☺		☹		☹
1. 你对实训楼的教学秩序是否满意？	☐	☐	☐	☐	☐
2. 你对实训楼的环境卫生状况是否满意？	☐	☐	☐	☐	☐
3. 你对实训楼学生整体的纪律表现是否满意？	☐	☐	☐	☐	☐
4. 你对你们这一小组的总体表现是否满意？	☐	☐	☐	☐	☐
5. 你对这种理实一体化的教学模式是否满意？	☐	☐	☐	☐	☐
学习教师的评价	☺		☹		☹
6. 你如何评价培训教师？（总体印象/能力/表达能力/说服力）	☐	☐	☐	☐	☐
7. 教师组织培训通俗易懂，结构清晰。	☐	☐	☐	☐	☐
8. 教师非常关注学生的反应。	☐	☐	☐	☐	☐
9. 教师能认真指导学生，对任何学生都不放弃。	☐	☐	☐	☐	☐
10. 你对培训氛围是否满意？	☐	☐	☐	☐	☐
11. 你认为理论和实践的比例分配是否合适？	☐	☐	☐	☐	☐
12. 你对教师在岗情况是否满意？（上课经常不在培训室，接打电话等）	☐	☐	☐	☐	☐

项目名称： 教师姓名：	很满意	满意	一般	不满意	很不满意
课程时间： 年 月 日 — 日 第 周					
授课地点：					
学习内容的评价	☺		☺		☹
13. 你对培训涉及的题目及内容是否满意？	☐	☐	☐	☐	☐
14. 课程内容是否适合你的知识水平？	☐	☐	☐	☐	☐
15. 培训中使用的各种器材是否丰富？	☐	☐	☐	☐	☐
16. 你对发放的学生手册和学生工作手册是否满意？	☐	☐	☐	☐	☐

请回答下列问题：

1. 在学习组织方面哪些地方还需要进一步改进？

_____

_____

2. 哪些学习内容你特别感兴趣？为什么？

_____

_____

3. 哪些学习内容你不感兴趣？为什么？

_____

_____

4. 关于学习内容是否还有你想学但这次没有涉及的？如有，请指出。

_____

_____

5. 你对哪些学习内容比较满意？哪些方面还需要进一步改进？

_____

_____

6. 你希望每次活动都给小组留有一定的讨论时间吗？你认为多长时间较为合适？

_____

_____

7. 通过本课程的学习，你最想对自己说些什么？

_____

_____

8. 通过本课程的学习，你最想对教授本课程的教师说些什么？

_____

_____

部 分 教 材 配 套 教 学 资 源

工作手册　　**教学课件**　　　**微课视频**　　　**网络课程**

联系电话：010-58806368

产教融合　项目教学型教材

汽车机械基础

汽车机械制图

汽车电工电子技术

汽车维修基础（第3版）

汽车维修基础 学生工作手册

汽车发动机构造与维修（第3版）

汽车发动机构造与维修 学生工作手册

汽车电气设备构造与维修（第3版）

汽车电气设备构造与维修 学生工作手册

▶汽车底盘构造与维修（第3版）

汽车底盘构造与维修 学生工作手册

发动机电控系统原理与维修（第3版）

发动机电控系统原理与维修 学生工作手册

汽车维护（第3版）

汽车维护 学生工作手册

汽车变速器构造与维修

汽车车身修复基础

汽车文化

汽车销售实务

汽车保险与理赔

京师职教

天猫旗舰店

ISBN 978-7-303-25942-7

9 787303 259427 >

定价：47.80 元